CATECHISME

DU DIOCESE

DE SENS.

Par *Monseigneur* JEAN-JOSEPH LANGUET, *Archevêque de Sens.*

Pour être seul enseigné dans son Diocese.

Se vend 6. ſ. broché.

A SENS,

Chez ANDRÉ JANNOT, Imprimeur de Monseigneur l'Archevêque, au Nom de JESUS.

M. DCC. XXXII.

AVEC PRIVILEGE DU ROY.

MANDEMENT

DE MONSEIGNEUR

L'ARCHEVÊQUE DE SENS,

PRIMAT DES GAULES ET DE GERMANIE.

 JOSEPH, par la grace de Dieu & l'autorité du saint Siege Apostolique, Archevêque de Sens, Primat des Gaules & de Germanie : Aux Curez, Vicaires, Catéchistes, Peres & Meres de famille de notre Diocese. Salut & Bénédiction.

C'étoit, mes chers Freres, un des sages projets de mon illustre & respectable Prédecesseur de reduire à une meilleure forme les divers Catéchismes donnez par Monseigneur Louis Henri de Gondrin. Celui-ci dans l'intervale de peu d'années, avoit publié deux Catéchismes ; mais ces deux Catéchismes differens dans leur méthode, & souvent dans leurs expressions, n'avoient

ã ij

pas affez de rapport & de conformité, pour être regardé comme un feul & même Catéchifme. Le fecond qui portoit le nom d'*Abregé*, par fa briéveté faifoit négliger le premier ; & cependant cet Abregé ne contenoit pas toutes les véritez qu'il convient d'enfeigner aux jeunes gens, & qui fe trouvoient dans le premier : Ainfi le concours de ces deux Catéchifmes, également autorifez dans le Diocefe, n'a pû qu'être à charge, & à ceux qui doivent enfeigner, & à ceux qui doivent répondre à leurs enfeignemens. D'ailleurs on trouvoit que fouvent l'un & l'autre n'étoit pas toûjours affez à la portée des enfans & des fimples, foit par la longueur des Réponfes, foit par l'obfcurité des expreffions, foit par leur fublimité. Ces motifs infpirerent à Monfeigneur de Chavigny le projet d'un nouveau Catéchifme qui pût recüeillir ce que les deux de fon Prédécefleur avoit de plus précieux, les reduire à l'unité, & en même tems à la clarté, à la netteté, & à la précifion que demandent ces fortes d'ouvrages.

Ce que la mort l'a empêché d'executer, Nous avons le bonheur de le faire aujourd'hui : & Nous efperons que vous recüeillerez avec joye le fruit d'un travail que Nous avons entrepris depuis longtems, avec tou-

te l'application , que demande un ouvrage
si important ; & dont depuis bien des années on recüeille le fruit dans le Diocese
où la providence de Dieu Nous avoit premierement appellé. Le long usage de ce
Catéchisme, nous a appris par l'expérience
l'utilité de la méthode que nous y avons
suivie, d'autres grands Dioceses l'ont connu, & l'ont adopté : & j'ai lieu d'esperer
qu'il ne sera pas moins utile ni moins a-
gréable aux Pasteurs de celui-ci, qu'il l'a
été à tant d'autres. Nous vous le donnons,
mes chers Freres , d'autant plus volontiers
qu'il a une grande conformité avec l'Abregé du Catéchisme de Monseigneur de
Gondrin : & que les mêmes véritez y sont
exprimées communément presque dans
les mêmes termes.

Ainsi en vous donnant un Catéchisme
nouveau, ce n'est pas une doctrine nouvelle que Nous vous presentons , à Dieu ne
plaise. C'est la même doctrine , enseignée
dans tous les lieux & dans tous les tems,
que nous vous presentons, digerée dans une
forme plus utile, & énoncée en des termes
plus proportionnez à la foiblesse de l'âge de
ceux qui doivent être instruits , & plus
commodes pour ceux qui sont chargez de
les instruire. Le changement ne consiste

ã iij

donc que dans l'ordre , la méthode, & la diction ; souvent même, comme nous l'avons dit , les termes sont les mêmes que ceux de l'*Abregé* qui étoit plus en usage parmi vous. Mais à ce que la Foy nous enseigne de véritez , Nous avons crû devoir ajoûter ce que la piété exige de sentimens , & ce que les maximes chrétiennes inspirent de pratiques. Ces sentimens pieux & cès pratiques sanctifiantes sont ordinairement trop négligées dans les Catéchismes, & cependant ils ne sont pas moins importans que les véritez de la Foy, puisque c'est par ces sentimens & ces pratiques, que l'on peut plus efficacement former la Jeunesse à la vertu : C'est peu faire pour leur instruction que d'orner leur esprit de toutes les véritez de la Foy , si en même tems on ne forme leur cœur par les sentimens de cet Amour tendre qu'on doit à Dieu, & par le goût des pratiques de vertu , par lesquelles on cultive, on manifeste , on effectuë cet Amour sanctifiant.

C'est là en effet l'obligation capitale, & peut-être trop peu méditée , de tous ceux qui sont chargez de l'instruction de la Jeunesse : leur devoir ne se borne pas à éclairer l'esprit des enfans par la connoissance des véritez de la Foy : ils doivent encore s'étu-

dier à confacrer leur cœur, par la ferveur de
la Charité, & à former leurs mœurs par la
pratique de la vertu : devoir d'autant plus
preffant que ces jeunes cœurs ne font pas
moins fufceptibles des femences de la pieté
que de celles de la fcience, & qu'il ne leur
eft pas moins important d'apprendre à aimer Dieu, qu'à l'adorer & à le connoître.

C'eft là la vûë que Nous nous fommes
principalement propofée dans ce Catéchifme : C'eft dans cet efprit que Nous y
avons répandu plufieurs de ces Queftions,
& de ces motifs qui font propres à interef-
fer le cœur, & à y exciter les fentimens de
la ferveur ; & c'eft particulierement pour
cette fin que Nous avons ajoûté à chaque
matiere, des Pratiques capables de former
les mœurs & de nourrir la pieté. Si un Ca-
téchifte entre dans nos vûës, il lui fera aifé
de choifir à chaque Leçon, une ou deux de
ces Pratiques, felon la portée de fes Eco-
liers, de les leur faire repeter de maniere
que tous les puiffent retenir, & d'en re-
commander foigneufement l'execution.
Quel fruit ces enfans ne retireront-ils pas
de cette méthode ? Affujettis de bonne
heure aux pratiques de la vie chrétienne,
ils prendront dès l'enfance de faintes habitudes ; en eux la pieté fe fortifiera avec

l'âge, & croîtra pour ainſi dire avec eux ; la malice du ſiécle trouvera leur cœur armé contre ſes ſéductions, & ils auront part *au bonheur de ceux qui portent dès la jeuneſſe le joug aimable du Seigneur.* *

Les Hiſtoires que Nous avons indiquées à chaque Leçon tendent au même but, mais elles ont encore d'autres utilitez. Rien n'eſt plus propre à attirer l'attention des enfans, & à leur faire prendre goût aux Catéchiſmes, que le recit de ces événemens merveilleux tirez des ſaintes Ecritures qui piquent leur curioſité, & qui peignent d'une maniere ſi vive & ſi admirable, la juſtice, la bonté, la providence de Dieu, & tous ſes autres attributs. Ces recits intereſſeront la curioſité des jeunes gens, ſur tout ſi le Catéchiſte après s'être inſtruit lui-même par la lecture des endroits de l'Ecriture que nous avons indiquez, prend ſoin de réciter les circonſtances de ces Hiſtoires, avec des termes nobles, animez, & patétiques. D'ailleurs ces événemens ayant un rapport ſenſible aux matieres auſquelles Nous les avons joints, on ſent aſſez combien ils ſerviront à inculquer aux enfans, les véritez qu'on leur aura enſeignées, & à leur apprendre

* *Thren. Jerem.*

à se former de justes idées de la grandeur de Dieu, de sa justice, de sa providence, de sa miséricorde, dont ces événemens rendent d'illustres témoignages. Enfin ces Histoires reçûës par ces enfans, avec l'avidité que leur donne la curiosité naturelle à leur âge, serviront encore à rendre familiere, en peu de tems, aux plus grossiers, l'Histoire entiere de la sainte Ecriture.

Après vous avoir rendu compte de nos vûës dans la composition & la publication de ce Catéchisme, il ne Nous reste, mes chers Freres, qu'à vous conjurer par la bonté que Jesus - Christ a témoignée pour les petits enfans, & par tout ce qu'il a fait pour leur salut & pour le notre, de vous appliquer sérieusement, & constamment à l'instruction *de ces petits à qui le Royaume des Cieux appartient* : * Mais de vous y appliquer dans l'esprit dans lequel Nous avons composé ce Catéchisme, c'est-à-dire dans la vûë de faire goûter aux enfans les véritez que vous leur enseignerez, & de consacrer leur cœur par l'amour de Jesus-Christ, en formant leur esprit par la connoissance des mysteres.

Au reste si vous trouvez encore dans ce petit Ouvrage des Questions & des

* *Marc. 10.*

Réponses qui passent la portée des jeunes enfans, n'en soyez point étonnez. Il a fallu préparer à tous les âges & à tous les esprits, les instructions qui leurs étoient propres ; & Nous avons jugé qu'il valoit mieux que les moins avancez trouvassent des choses qu'ils n'entendroient pas, que de priver les autres des instructions qu'ils seroient capables d'entendre, & qu'ils n'ignoreroient point sans danger. C'est au Catéchiste à proportionner ses Questions, à la portée de ceux qu'il instruit. Il n'est pas nécessaire qu'il enseigne aux plus jeunes, toutes les Questions qui se trouvent dans chaque Section ; il doit choisir une premiere année celles qui sont & plus faciles & plus nécessaires ; une autre année il leur fera apprendre celles qui sont un peu plus relevées : Et enfin il pourra, selon leur pénétration, les faire entrer dans ce qu'il y a de plus sublime dans les mysteres de la Religion.

Et vous, Peres & Meres de famille, c'est dans les mêmes vûës, que Nous vous présentons cet Ouvrage, & Nous vous conjurons d'en faire le même usage que nous venons de prescrire à vos Pasteurs. Un de vos plus essentiels devoirs, c'est d'instruire les Enfans que Dieu vous a donnez, &

d'être pour ainſi dire, leurs premiers Evan-
geliſtes. C'eſt à vous à leur apprendre à
conſacrer leurs premieres paroles par l'invocation du S. Nom de Jeſus, leurs premieres penſées par la connoiſſance de
Dieu, qui leur a donné l'être, les premiers
mouvemens de leur cœur par ſon amour.
Voilà votre devoir, & un devoir ſi indiſ-
penſable, que c'eſt un péché énorme de le
négliger. Le Saint-Eſprit vous l'ordonne
dans l'Ecriture : * Et S. Paul ajoûte de ſa
part, *que vous êtes pires que des Infideles, ſi
vous ne procurez l'inſtruction même de vos
Serviteurs.* * Ce ſera ce devoir qui fera un
jour la matiere de votre jugement, & peut
être hélas ! celle de votre condamnation.
Alors on vous demandera compte de l'é-
ducation de vos Enfans, on vous repro-
chera leur ignorance, peut-être même
vous imputera-t'on les crimes que leur
ignorance aura cauſez.

Prévenez, je vous en conjure, ces jugemens terribles, par votre fidélité à inſtruire
vos Enfans. Avant que vous les preſentiez
à votre Curé pour être admis à ſes inſtruc-
tions, ils doivent avoir appris chez vous,

* *Filii tibi ſunt, erudi illos, & curva illos à pueritia illo-*
rum. Eccl. 7.
* *Si quis ſuorum, & maximè domeſticorum curam non*
habet, fidem negavit & eſt infideli deterior. 1. Tim. 5.

au moins l'Abregé de ce Catéchifme, pour être en état de profiter des inftructions plus folides qu'on leur donnera à l'Eglife. Quand ils y feront admis, veillez à ce qu'ils affiftent réguliérement à tous les Catéchifmes qui s'y feront ; faites leur rendre compte au retour, de ce qu'ils y auront appris ; faites leur raconter l'Hiftoire qu'ils auront entenduë ce jour-là, & réciter les Pratiques qu'on leur aura infpiré ; vous recüeillerez en peu de tems le fruit de votre vigilance : vos Enfans devenus dociles à la Loy de Dieu, le feront de même à vos volontez, leur pieté fera le bonheur de votre vie, & ils feront un jour la confolation de votre vieilleffe.

A ces causes, Nous ordonnons que ce Catéchifme fera feul enfeigné dans tout notre Diocefe ; défendons d'en enfeigner aucun autre au préjudice de celui-ci. Donne' à Sens, le jour de la Nativité de la Sainte Vierge, huitiéme Septembre mil fept cent trente-un. *Signé,* † J JOSEPH, Archevêque de Sens, *Et plus bas,* par Monfeigneur, AMETTE.

ABREGE'.

ABREGÉ
DE LA
DOCTRINE CHRETIENNÉ.

§. 1.

D. Estes-vous Chrétien ?

R. Oüi, par la grace de Dieu.

D. Quelle est la marque du Chrétien ?

R C'est le signe de la Croix.

D. Faites le signe de la Croix.

R. † Au nom du Pere, & du Fils, & du Saint-
Esprit. Ainsi soit-il.

D Qui vous a créé & mis au monde ?

R. C'est Dieu.

D. Pourquoi Dieu vous a-t'il mis au monde ?

R. C'est pour le connoître, l'aimer & le servir,
& acquerir par ce moyen la vie éternelle.

D. Qu'est-ce que Dieu ?

R. C'est un Esprit infiniment parfait, Créateur &
Maître absolu de toutes choses.

D. Dieu a-t'il un corps ?

R. Non, c'est un pur Esprit, qui ne peut tomber
sous les sens.

D. Où est Dieu ?

R. Dieu est par-tout, il remplit le Ciel & la Terre.

D. Dieu voit-il tout ?

R. Oüi, il voit même ce qui est plus caché dans
notre cœur.

A

D. Dieu a-t'il commencé d'être ?

R. Non, il est éternel, il n'a point eû de commencement, il n'aura jamais de fin.

§. 2.

D. Y a-t'il plusieurs Dieux ?

R. Non, il n'y a qu'un Dieu, & il n'y en peut avoir plusieurs.

D. Combien y a-t'il de personnes en Dieu ?

R. Il y en a trois, le Pere, le Fils, & le saint-Esprit.

D. Le Pere est-il Dieu ?

R. Oüi, le pere est Dieu.

D. Le Fils est-il Dieu ?

R. Oüi, le Fils est Dieu.

D. Le saint-Esprit est-il Dieu ?

R. Oüi, le saint-Esprit est Dieu.

D. Sont-ce trois Dieux ?

R. Non, ce sont trois Personnes, qui ne font qu'un seul Dieu ; c'est ce qu'on appelle la sainte Trinité.

D. Y a-t'il quelqu'une de ces trois Personnes qui soit plus ancienne, ou plus puissante que l'autre.

R. Non; elles sont égales en toutes choses.

D. Pourquoi sont-elles égales en toutes choses ?

R. Parce que ces trois Personnes ont une même nature & une même divinité.

§. 3.

D. Laquelle des trois Personnes divines s'est fait homme ?

R. C'est Dieu le Fils, la seconde Personne de la sainte Trinité.

D. Qu'est-ce à dire se faire homme ?

R. C'est prendre un corps & une ame semblable aux nôtres.

D. Pourquoi Dieu le Fils a-t'il pris un corps & une ame semblable aux nôtres ?

R. C'eſt pour nous racheter.

D. Que ſerions-nous devenus, ſi le Fils de Dieu ne nous eût pas racheté ?

R. Nous aurions été tous damnez.

D. Où le Fils de Dieu a-t'il pris un corps & une ame ?

R. Dans le ſein de la glorieuſe Vierge Marie ſa Mere, par l'operation du ſaint-Eſprit.

D. Comment nomme-t'on le Fils de Dieu fait homme ?

R. On l'appelle Jeſus-Chriſt notre Seigneur.

D. Quel jour le Fils de Dieu fait homme eſt-il né?

R. Il eſt né le jour de Noël.

§. 4.

D. Qu'a fait Jeſus-Chriſt ſur la terre ?

R. Il a enſeigné aux hommes à vivre ſaintement, & il leur en a merité la grace.

D. Comment nous a-t'il merité cette grace ?

R. C'eſt par ſes ſouffrances & par ſa mort.

D. Le Fils de Dieu fait homme eſt-il mort ?

R. Oüi, il eſt mort ſur une croix.

D. Pour qui eſt-il mort ?

R. Il eſt mort pour le ſalut de tous les hommes.

D. Quel jour eſt-il mort ?

R. Il eſt mort le Vendredi Saint.

D. Quel jour eſt-il reſſuſcité ?

R. Il eſt reſſuſcité le jour de Pâques, le troiſiéme jour après ſa mort.

D. Quel jour eſt-il monté au Ciel ?

R. Il eſt monté au Ciel le jour de l'Aſcenſion.

D. Quel jour a-t'il envoyé le ſaint-Eſprit ?

R. Le jour de la Pentecôte.

D. Où eſt maintenant Jeſus-Chriſt ?

R. Comme Dieu il eſt par-tout : comme homme il eſt au Ciel & au ſaint Sacrement.

§. 5.

D. Mourrons-nous un jour ?

A ij

R. Oüi, quand il plaira à Dieu.
D. Que deviendra notre corps à la mort ?
R. On le mettra en terre.
D. Y restera-t'il toujours ?
R. Non, il ressuscitera à la fin du monde au Jugement dernier.
D. Notre ame mourra-t'elle ?
R. Non, elle est immortelle.
D. Que deviendra notre ame après notre mort ?
R. Elle ira devant Dieu, pour être jugée.
D. Sur quoi sera-t'elle jugée ?
R. Sur le bien & le mal qu'elle aura fait.
D. Que deviendra notre ame après ce jugement?
R. Elle ira en Paradis, ou en Enfer, ou en Purgatoire, selon qu'elle l'aura merité.

§. 6.

D. Qu'est-ce que le Paradis ?
R. C'est un lieu de délices, où voyant Dieu, on joüit d'un bonheur éternel.
D. Qui sont ceux qui vont en Paradis ?
R. Ceux qui n'ont point offensé Dieu, ou qui l'ayant offensé ont fait pénitence.
D. Qu'est-ce que l'Enfer ?
R. C'est un lieu de tourmens, où les méchans seront éternellement punis avec les Démons.
D. Qui sont ces méchans qui vont en enfer ?
R. Ce sont ceux qui font des péchez mortels, & qui meurent sans en faire pénitence.
D. Qu'est-ce que le Purgatoire ?
R. C'est un lieu de peines, où les Justes achevent d'expier leurs péchez avant que d'entrer en Paradis.

§. 7.

D. Qu'est-ce que le péché ?
R. C'est une désobéïssance à Dieu.
D. Combien y a-t'il de sortes de péchez ?
R. Il y en a de deux sortes, le péché originel & le péché actuel.

D. Qu'eſt-ce que le péché originel ?

R. C'eſt un péché que nous apportons en venant au monde , dont Adam notre premier pere nous a rendu coupables.

D. Qu'eſt-ce que le peché actuel ?

R. C'eſt celui que nous commettons par notre propre volonté.

D. Combien y a-t'il de ſortes de péchez actuels ?

R. De deux ſortes , le péché mortel & le péché véniel.

D. Qu'eſt-ce que le péché mortel ?

R. C'eſt celui qui nous fait perdre la grace ſanctifiante & qui merite l'Enfer.

D. Qu'eſt-ce que le péché véniel ?

R. C'eſt celui qui affoiblit en nous la grace ſanctifiante, quoiqu'il ne nous l'ôte pas.

D. Quels ſont les péchez capitaux ou principaux ?

R. Il y en a ſept , Orgueil , Avarice , Luxure , Envie , Gourmandiſe , Colere & Pareſſe.

§. 8.

D. Qu'eſt-ce qu'un Sacrement ?

R. C'eſt un ſigne ſenſible inſtitué par notre Seigneur Jeſus-Chriſt , pour nous ſanctifier.

D. Combien y a-t'il de Sacremens ?

R. Il y en a ſept : Baptême, Confirmation, Euchariſtie , Pénitence , Extrême-Onction , Ordre & Mariage.

D. Qu'eſt-ce que le Baptême ?

R. C'eſt un Sacrement qui efface le péché originel & nous fait enfans de Dieu & de l'Egliſe.

D. Qu'eſt-ce que la Confirmation ?

R. C'eſt un Sacrement qui nous donne le ſaint-Eſprit avec l'abondance de ſes graces.

D. Qu'eſt-ce que l'Euchariſtie ?

R. C'eſt un Sacrement qui contient le Corps , le Sang, l'Ame & la Divinité de Jeſus-Chriſt, ſous les eſpeces ou apparences du pain & du vin.

D. Où se fait ce Sacrement ?

R. C'est à la sainte Messe.

D. Qu'est-ce que la Messe ?

R. C'est l'offrande du Corps & du Sang de Jesus-Christ faite à Dieu par le Prêtre.

§. 9.

D. Qu'est-ce que la Pénitence ?

R. C'est un Sacrement qui remet les péchez commis après le Baptême.

D. Que faut-il faire pour recevoir ce Sacrement ?

R. Il faut faire cinq choses. 1. Examiner sa conscience. 2. Avoir une grande douleur d'avoir offensé Dieu. 3. Faire un ferme propos de ne plus l'offenser. 4. Confesser tous ses péchez à un Prêtre. 5. Satisfaire à Dieu & à son prochain.

D. Qu'est-ce que l'Extrême-Onction ?

R. C'est un Sacrement institué pour le soulagement spirituel & corporel des malades.

D. Qu'est-ce que l'Ordre ?

R. C'est un Sacrement qui donne le pouvoir de faire les Fonctions Ecclésiastiques, & la grace pour les faire dignement.

D. Qu'est-ce que le Mariage ?

R. C'est un Sacrement, qui sanctifie l'alliance de l'homme & de la femme.

§. 10.

D. Que faut-il faire pour aller en Paradis ?

R. Il faut garder les Commandemens de Dieu & de l'Eglise.

D. Combien y a-t'il de Commandemens de Dieu?

R. Il y en a dix.

D. Recitez-les ?

R. 1. UN seul Dieu tu adoreras, & aimeras parfaitement.

2. Dieu en vain tu ne jureras, ni autre chose pareillement.

3. Les Dimanches tu garderas, en servant Dieu dévotement.

4. Pere & mere honoreras, afin que tu vives longuement.

5. Homicide point ne seras, de fait ni volontairement.

6. Luxurieux point ne seras, de corps ni de consentement.

7. Le bien d'autrui tu ne prendras, ni retiendras à ton escient.

8. Faux témoignage ne diras, ni mentiras aucunement.

9. L'œuvre de chair ne désireras, qu'en mariage seulement.

10. Biens d'autrui ne convoiteras pour les avoir injustement.

D. Qu'est-ce que l'Eglise ?

R. C'est l'Assemblée des Fidéles, gouvernez par notre saint Pere le Pape & par les Evêques.

D. Peut-on être sauvé hors de l'Eglise ?

R. Non, on ne peut être sauvé que dans l'Eglise.

D. Recitez les Commandemens de l'Eglise.

R. 1. LEs Dimanches Messes oüiras, & Fêtes de Commandement.

2. Les Fêtes tu sanctifieras, qui te sont de commandement.

3. Tous tes péchez confesseras à tout le moins une fois l'an.

4. Ton Créateur tu recevras, au moins à Pâques humblement.

5. Quatre-Tems, Vigiles, jeuneras, & le Carême entierement.

6. Vendredi chair ne mangeras, ni le Samedi mêmement.

§. 11.

D. De quel secours avons-nous besoin pour observer les Commandemens ?

A iiij

R. Nous avons besoin du secours de la grace de Dieu.

D. Comment pourrons-nous obtenir cette grace ?

R. En la demandant à Dieu par la priere.

D. Quelle est la plus excellente priere ?

R. C'est le *Pater*, autrement l'Oraison Dominicale.

D. Recitez-la en Latin & en François.

Pater noster, qui es in cœlis,	Notre Pere, qui êtes aux Cieux,
1. *Sanctificetur nomen tuum.*	1. Que votre nom soit santifié.
2. *Adveniat regnum tuum*	2. Que votre regne arrive.
3. *Fiat voluntas tua sicut in cœlo & in terra.*	3. Que votre volonté soit faite en la terre comme au Ciel.
4. *Panem nostrum quotidianum da nobis hodiè*	4. Donnez-nous aujourd'hui notre pain de chaque jour
5. *Et dimitte nobis debita nostra, sicut & nos dimittimus debitoribus nostris*	5. Et pardonnez-nous nos offenses, comme nous pardonnons à ceux qui nous ont offensé.
6. *Et ne nos inducas in tentationem.*	6. Et ne nous induisez point en tentation.
7. *Sed libera nos à malo. Amen.*	7. Mais délivrez-nous du mal. Ainsi soit-il.

D. Par quelle priere l'Eglise invoque-t'elle plus ordinairement la sainte Vierge Marie ?

R. C'est par l'*Ave Maria.*

D. Recitez-le en Latin & en François.

1. *Ave Maria gratiâ plena, Dominus tecum.*	1. JE vous saluë, Marie, pleine de graces, le Seigneur est avec vous.
2. *Benedicta tu in mulieribus, & benedictus fructus ventris tui, Jesus.*	2. Vous êtes benite par dessus toutes les femmes, & Jesus le fruit de vos entrailles est beni.
3. *Sancta Maria, mater Dei, ora pro nobis peccatoribus, nunc & in hora mortis*	3. Sainte Marie, Mere de Dieu, priez pour nous pécheurs, maintenant & à

l'heure de notre mort.   *nostræ, Amen.*
Ainsi soit il.

D. Où est contenu l'abregé de ce qu'un Chrétien doit croire ?

R. C'est dans le *Credo*, ou Symbole des Apôtres.

D. Recitez-le en Latin & en François.

1. JE crois en Dieu le Pere tout puissant Créateur du ciel & de la terre.

2. Et en Jesus-Christ son Fils unique notre Seigneur.

3. Qui a été conçû du Saint-Esprit, est né de la Vierge Marie.

4. A souffert sous Ponce Pilate, a été crucifié, est mort, & a été enseveli.

5. Est descendu aux Enfers, le troisieme jour est resuscité de mort à vie.

6. Est monté aux Cieux, est assis à la droite de Dieu le Pere tout puissant.

7 D'où il viendra juger les vivans & les morts.

8. Je crois au Saint Esprit.

9 La sainte Eglise Catholique, la Communion des Saints.

10. La rémission des péchez.

11 La résurrection de la chair.

12. La vie éternelle. Ainsi soit il.

1. *Credo in Deum Patrem omnipotentem, Creatorem cœli & terra.*

2. *Et in Jesum Christum, Filium ejus unicum, Dominum nostrum.*

3. *Qui conceptus est de Spiritu Sancto, natus ex Mariâ virgine.*

4. *Passus sub Pontio Pilato, crucifixus, mortuus, & sepultus.*

5. *Descendit ad inferos, tertiâ die resurrexit à mortuis.*

6. *Ascendit ad cœlos, sedet ad dexteram Dei Patris omnipotentis.*

7. *Inde venturus est judicare vivos & mortuos.*

8. *Credo in Spiritum Sanctum.*

9. *Sanctam Ecclesiam Catholicam, Sanctorum Communionem.*

10. *Remissionem peccatorum.*

11. *Carnis resurrectionem.*

12. *Vitam æternam. Amen.*

§. 12.

D. Faites un Acte d'Adoration.

R. MOn Dieu, je vous adore, je vous reconnois pour mon Créateur & mon Maître : je vous offre ma vie & tout ce que je possede.

D. Faites un Acte de Foy.

R. MOn Dieu, je crois fermement tout ce que croit & enseigne la sainte Eglise, parce que c'est vous, ô mon Dieu, qui l'avez dit.

D. Faites un Acte d'Esperance.

R. MOn Dieu, j'espere vos graces & mon salut par les merites infinis de Jesus-Christ mon Sauveur.

D. Faites un Acte de Charité.

R. MOn Dieu, je vous aime de tout mon cœur, & plus que toutes choses, parce que vous êtes infiniment aimable; & j'aime mon Prochain comme moi-même, pour l'amour de vous.

D. Faites un Acte de Contrition de vos péchez.

R. MOn Dieu j'ai un extrême regret de vous avoir offensé, parce que vous êtes infiniment bon & infiniment aimable, & que le péché vous déplaît : pardonnez-moi par les mérites de Jesus-Christ : je me propose, moyennant votre grace, de ne plus vous offenser, & de me confesser au plûtôt.

D. Faites un Acte de remerciement.

R. JE vous remercie, mon Dieu, de tous les biens, que j'ai reçûs de vous, principalement de m'avoir créé, de m'avoir racheté par votre Fils, & de m'avoir fait enfant de l'Eglise.

CATECHISME
DU DIOCESE
DE SENS.

I. De la néceſſité du Catéchiſme.

D. ESt-il important de venir au Catéchiſme?

R. Oüi, parce qu'on y apprend à ſe ſauver.

D. Que faut-il faire pour être ſauvé ?

R. Trois choſes.   1 Croire ce qu'enſeigne la ſainte Egliſe. 2. Fuir le péché. 3. Pratiquer les bonnes œuvres.

D. Où apprend-on toutes ces choſes?

R. C'eſt au Catéchiſme.

D. Les enfans qui ne viennent point au Caté-chiſme, quand leurs parens les y envoyent, font-ils mal ?

R. Oüi, parce qu'ils déſobéïſſent, & qu'ils né-gligent d'apprendre ce qui eſt néceſſaire pour leur ſalut.

D. Et les parens qui négligent de les y envoyer, quand ils le peuvent, n'offenſent-ils pas Dieu?

R. Oüi, parce qu'ils ſont obligez de veiller à l'inſtruction de leurs enfans.

D. Suffit-il d'être preſent de corps au Catéchiſme?

R. Non, il faut y être preſent d'eſprit, c'eſt-à-dire, attentif.

D. Eſt-ce aſſez d'être attentif au Catéchiſme ?

R. Non, il faut profiter de ce qu'on apprend, & le mettre en pratique.

D. Qu'est-ce qui nous oblige à profiter des Catéchismes ?

R. C'est le compte que nous rendrons à Dieu du Catéchisme & des autres instructions dont nous n'aurons pas profité.

D. Quelle peine méritent ceux qui ne veulent pas sçavoir le Catéchisme ?

R. Ils méritent la privation des Sacremens, & la damnation éternelle.

D. Peut-on refuser d'absoudre dans la Confession, de marier, ou de recevoir pour Parrains ceux qui ne sçavent pas le Catéchisme ?

R. Oüi, on doit ordinairement les refuser.

Histoire de Samuel , l. 1. des Rois, ch. 3.

PRATIQUES. 1. Dès que l'heure ou la cloche du Catéchisme sonne, tout quitter pour s'y rendre des premiers.
2. En y entrant se mettre à genoux , & demander à Dieu la grace d'en profiter.
3. Mettre par écrit , à son retour , ce qu'on a retenu du Catéchisme, & particulierement les pratiques.

II. Du Signe de la Croix.

D. EStes-vous Chrétien ?
R. LOüi, par la grace de Dieu.
D. Qu'est-ce qu'un Chrétien ?
R. C'est celui qui étant baptisé professe la doctrine de Jesus-Christ.
D. En quoi professe-t'on la doctrine de Jesus-Christ ?
R. En trois choses, 1. Croyant ce qu'il a enseigné. 2. Pratiquant ce qu'il a ordonné. 3. Participant aux Sacremens qu'il a instituez.
D. Quel est le Signe du Chrétien ?
R. C'est le Signe de la Croix.
D. Comment se fait-il ?
R. Mettant la main droite au front, de-là à

l'estomach, puis à l'épaule gauche, ensuite à la droite, en difant, *In nomine Patris & Filii & Spiritûs-Sancti. Amen.*

D. Dites ces paroles en François.

R. Au nom du Pere, & du Fils, & du faint-Efprit. Ainfi foit-il.

D. Qu'eft-ce que le Signe de la Croix réprefente?

R. Il réprefente les deux principaux Myfteres de notre Religion.

D. Quels font-ils ?

R. Celui de la fainte Trinité, & celui de la Redemption de Jefus-Chrift.

D. Comment réprefente-t'il le Myftere de la fainte Trinité ?

R. Par l'Invocation des Perfonnes Divines, en difant : *Au nom*, &c.

D. Comment réprefente-t'il le Myftere de la Redemption ?

R. Par la figure que nous formons fur nous de la Croix fur laquelle Jefus-Chrift eft mort pour nous racheter.

D. Quelle eft la vertu du Signe de la Croix ?

R. C'eft de chaffer les démons, de diffiper les tentations, & d'attirer fur nous & fur ce que nous faifons, la bénédiction de Dieu.

D. Quelles fautes commet-on ordinairement en faifant le Signe de la Croix ?

R. Les voici. 1. Le faire indécemment avec précipitation, ou prononçant mal les paroles. 2. Le faire fans attention & fans dévotion.

D. Eft-il permis d'employer le Signe de la Croix à des pratiques fuperftitieufes ?

R. Non, c'eft un grand péché.

Le Serpent d'Airain. Liv. des Nomb. ch. 21.

PRATIQUES. 1. Faire le Signe de la Croix au commencement de chacune de fes actions, comme du lever, du travail, des repas, &c.

2. Le faire dans les tentations ; & si on est en compagnie, le faire sécretement sur son cœur.

III. De Dieu & de ses perfections.

D. Qu'est-ce que Dieu ?

R. C'est un Esprit infiniment parfait, Créateur & Maître absolu de toutes choses.

D. Pourquoi dites-vous que Dieu est un Esprit ?

R. C'est qu'il n'a ni corps, ni couleur, ni figure, & qu'il ne peut tomber sous les sens.

D. Pourquoi dites-vous qu'il est infiniment parfait ?

R. Parce qu'il possede toutes les perfections, & que ses perfections n'ont point de bornes.

D. Quelles font les perfections de Dieu ?

R. En voici quelques-unes : l'Indépendance, la Bonté, la Justice, la Miséricorde, la Sainteté, l'Immensité, la Providence.

D. Pourquoi dites-vous que Dieu est *Indépendant* ?

R. C'est qu'il est tellement le Maître de toutes choses, qu'il ne peut dépendre d'aucune créature.

D. Pourquoi dites-vous qu'il est *Bon* ?

R. C'est qu'il est la source de tout bien, & qu'il fait du bien à tout le monde.

D. Pourquoi dites-vous qu'il est *Juste* ?

R. C'est qu'il récompense & punit chacun selon ses mérites.

D. En quoi nous montre-t'il sa *Miséricorde* ?

R. En ce qu'il veut sauver tous les hommes, qu'il appelle les pécheurs à pénitence, & qu'il pardonne à ceux qui retournent sincerement à lui.

D. Comment est-ce que Dieu est *Saint* ?

R. En ce qu'il ne peut aimer ni commettre le péché, & qu'il est auteur de toutes vertus.

D. Qu'entendez-vous par l'*Immensité* de Dieu ?

R. J'entens que Dieu remplit le ciel & la terre, & qu'il est dans toutes les créatures.

D. Qu'entendez-vous par la *Providence* de Dieu?

R. J'entens que Dieu veille à la conservation des créatures, qu'il sçait tout, qu'il voit tout, & que rien n'arrive que par sa volonté ou sa permission.

Joseph vendu & prisonnier. Genese , ch. 37.

PRATIQUES. 1. Imiter la bonté de Dieu , en faisant du bien à tout le monde , & même aux ingrats 2. Faire pendant le jour des Actes de Foi sur la présence de Dieu, par exemple, chaque fois que l'horloge sonne.

IV. Du *Credo*, ou du Symbole des Apôtres.

D. QU'est-ce que le Symbole des Apôtres ?

R. C'est une Formule de profession de Foi qui nous vient des Apôtres.

D. Recitez-le en Latin & en François ?

R. *Credo in Deum* , &c. Je crois en Dieu , &c. *page 9.*

D. Dans quels sentimens devons-nous le réciter ?

R. Dans le dessein de mourir plûtôt que de manquer à croire & à professer ce qui y est contenu.

D. Comment se divise-t'il ?

R. En douze articles.

D. Récitez le premier.

R. *Je crois en Dieu le Pere Tout-Puissant, Créateur du Ciel & de la Terre.*

D. Que signifie ce mot *Je crois?*

R. C'est-à-dire, je tiens tous les-articles du *Credo* pour plus assurez, que si je les voyois de mes yeux, encore que je ne puisse les comprendre.

D. D'où vous vient cette assurance ?

R. C'est que mes yeux peuvent se tromper, mais Dieu qui nous a révélé ces articles , ne peut nous tromper.

D. Expliquez-moi ces paroles, *Je crois en Dieu* ?

R. C'est-à-dire , je suis assuré qu'il n'y a qu'un Dieu, & qu'il n'y en peut avoir plusieurs.

D. Pourquoi dites-vous, *Je crois en Dieu,* & non pas *qu'il y a un Dieu* ?

R. C'est pour marquer qu'en croyant qu'il y a un Dieu, je l'aime aussi, & j'espere en lui.

D. Qu'entendez-vous par ce mot de *Pere* ?

R. J'entens qu'y ayant plusieurs Personnes en Dieu, la premiere s'appelle le Pere.

D. Pourquoi l'appelle-t'on le Pere ?

R. Parce qu'il a engendré de toute éternité un Fils qui lui est égal en toutes choses.

D. Pourquoi l'appellez-vous Tout-Puissant ?

R. Parce que rien ne lui est impossible.

D. La Toute-Puissance n'appartient-elle pas aussi au Fils & au saint-Esprit ?

R. Oüi, ces trois Personnes n'ont qu'une même puissance.

D. Pourquoi donc attribuer la Toute-Puissance au Pere ?

R. Parce qu'étant le principe des deux autres Personnes , il leur communique sa Toute-Puissance avec la Nature divine.

Miracle de Moïse devant Pharaon. Exod. 7.

PRATIQUES. 1. Réciter le Symbole dans ses prieres du matin & du soir.

2. Quand on le récite, dire intérieurement à Dieu : S'il falloit mourir pour la défense de ces véritez, mon Dieu, je donnerois volontiers mon sang & ma vie.

V. Suite

V. Suite du 1. Article du Symbole.

Sur ces paroles, *Créateur du Ciel & de la Terre.*

D. QU'entendez-vous par ces paroles, *Créateur du Ciel & de la Terre ?*

R. J'entens que Dieu a fait le ciel & tout ce qu'il contient, la terre & tout ce qu'elle renferme, & particulierement les Anges & les hommes.

D. De quoi Dieu a-t'il fait toutes ces choses ?

R. Dieu a fait toutes ces choses de rien.

D. Pouvons-nous de rien faire quelque chose ?

R. Non, il n'y a que Dieu qui le peut, & cela s'appelle Création.

D. Comment est-ce que Dieu a créé toutes choses ?

R. Il les a créées par sa seule parole : par exemple ; Il dit, Que la lumiere soit faite, & la lumiere a été faite.

D. Avant que Dieu créât le ciel & la terre, qu'y avoit-il ?

R. Il n'y avoit que Dieu.

D. Où étoit Dieu avant de créer le monde ?

R. Il étoit en lui-même.

D. Dieu avoit-il besoin du monde quand il l'a créé ?

R. Non, il est parfait par lui-même, il n'a besoin d'aucune créature.

D. Pourquoi donc a-t'il créé le monde ?

R. C'est par bonté pour nous, & pour en être adoré.

D. Qui est-ce qui conserve le monde, & toutes les créatures ?

R. C'est Dieu par sa Toute-Puissance.

B

D. Dieu pourroit-il détruire le monde ?

R. Il pourroit l'anéantir en un inftant, s'il le vouloit.

D. Pourquoi Dieu a-t'il créé les étoiles, les animaux, les arbres & tout ce que nous voyons ?

R. C'eft pour le fervice de l'homme.

D. Pourquoi Dieu a-t'il créé l'homme ?

R. C'eft pour le connoître, l'aimer, le fervir, & par ce moyen acquerir la vie éternelle.

Hift. de la Création du monde, Genefe, ch. 1.

PRATIQUES. 1. Lorfqu'on voit la beauté des campagnes, qu'on joûit de quelques commoditez, ou de quelque plaifir légitime, remercier Dieu d'avoir créé tant de chofes pour nous.

2. Tous les matins en s'éveillant, dire en foi même : Dieu m'a créé pour le fervir, en quoi pourrai je aujourd'hui lui rendre les fervices qu'il attend de moi ?

VI. Suite du 1. Article du Symbole.

Création des Anges, & chûte des Démons.

D. QU'eft-ce que les Anges ?

R. Ce font de purs Efprits que Dieu a créés pour exécuter fes ordres.

D. En quel état Dieu a-t'il créé les Anges ?

R. Dans un état de grace & de fainteté.

D. Ont-ils tous perfeveré dans cet état ?

R. Non, les uns y ont perfeveré, les autres en font déchûs par leur orgüeil.

D. Comment nomme-t'on ceux qui ont perfeverez ?

R. On les nomme les bons Anges, ou fimplement les Anges.

D. Comment nomme-t'on ceux qui font tombez par leur orgüeil ?

R. On les nomme les mauvais Anges ou autrement les démons.

D. Que devinrent-ils après leur péché ?

R. Ils furent chaſſez du Ciel, & précipitez dans l'enfer.

D. Qu'eſt-ce qu'ils y font ?

R. Ils y ſouffrent des ſupplices éternels, & ſont deſtinez à y tourmenter les pécheurs.

D. N'ont-ils point d'autre occupation ?

R. Ils ont celle de tenter les hommes, & de les exciter au péché.

D. Devons-nous craindre beaucoup leurs tentations ?

R. Oüi, nous devons les craindre.

D. Quels moyens avons-nous pour reſiſter aux tentations du démon ?

R. Nous avons la priere & la vigilance.

D. Comment par la priere & la vigilance reſiſtons-nous aux tentations ?

R. Par la Priere nous obtenons de Dieu les graces pour leur reſiſter.

Par la vigilance nous évitons les occaſions dont le démon ſe ſert pour nous tenter.

Job & ſes tentations. Liv. de Job ch. 1. &c.

PRATIQUES. 1. Dans les tentations récourir promptement à Dieu par la priere.

2. Eviter les occaſions dont le démon ſe ſert plus ſouvent pour tenter les hommes, comme les mauvaiſes compagnies, les mauvais livres, les cabarets, &c.

VII. Suite du 1. Article du Symbole.

Des bons Anges.

D. LEs Anges ont-ils des corps ?

R. Non, ce ſont de purs eſprits.

D. D'où vient donc les peint-on avec des aîles ?

R. C'eſt pour nous répréſenter avec quelle promptitude ils executent les ordres de Dieu.

D. Quel eft maintenant l'état des bons Anges ?

R. C'eft d'être éternellement heureux en joüiſ-
ſant de la vûë de Dieu.

D. Quelle eft leur occupation ?

R. C'eft de loüer Dieu ſans ceſſe & d'executer
ſes ordres.

D. N'ont-ils point une autre occupation par rapport à nous ?

R. Oüi, ils prennent ſoin de nous.

D. Comment cela ?

R. C'eft que Dieu a donné à chacun de nous un
Ange qui en prend ſoin, on l'appelle pour cela l'Ange Gardien.

D. Quel ſoin prent-il de nous ?

R. 1. Il prie Dieu pour nous.

2. Il offre à Dieu nos bonnes actions.

3. Il nous défend contre les démons.

4. Il nous protége dans les périls.

D. Quels ſentimens devons-nous avoir à ſon
égard ?

R. 1. Des ſentimens de reconnoiſſance, pour
l'interêt qu'il prend à notre ſalut.

2. De confiance, pour l'invoquer dans les occaſions périlleuſes pour notre ſalut & pour notre vie.

3. De crainte, pour ne rien faire en ſa preſence
qui lui puiſſe déplaire.

D. Qu'eft-ce qui peut déplaire à notre bon Ange?

R. C'eft le péché.

Hiſtoire de Tobie, Liv. de Tob. ch. 3. & ſuivans.

PRATIQUES. 1. Chaque jour prendre quelques mo-
mens, comme à la priere du matin, ou du ſoir, pour
remercier notre bon Ange du ſoin charitable qu'il
prend de nous, & pour invoquer ſon ſecours.

2. Célébrer dévotement la Fête des Saints Anges, communier ce jour là, ou le Dimanche ſuivant, pour remercier Dieu des graces que nous recevons par leur
interceſſion.

VIII. Suite du 1. Article du Symbole.

Création de l'Homme.

D. QUel eſt le premier homme & la premiere femme que Dieu ait créés ?

R. Ce ſont Adam & Eve nos premiers parens.

D. Pourquoi les nommez-vous nos premiers parens ?

R. Parce que d'eux ſont venus tous les hommes.

D. De quoi Dieu a-t'il formé le corps du premier homme ?

R. Il l'a formé de terre.

D. Et ſon ame ?

R. Il l'a créée de rien, & il l'a unie au corps de l'homme.

D. En quoi conſiſte l'excellence de notre ame ?

R. En ce que Dieu l'a créée à ſon image & reſ-ſemblance.

D. En quoi notre ame eſt-elle faite à l'image de Dieu ?

R. En ce qu'elle eſt un eſprit immortel, capable de connoître & d'aimer Dieu.

D. Quels ſont encore les avantages de l'homme?

R. Ce ſont la raiſon & la liberté.

D. En quoi connoiſſez-vous la raiſon de l'homme?

R. En ce qu'il eſt capable de rendre raiſon de ce qu'il fait, & qu'il ſçait pourquoi il le fait.

D. Donnez-en un exemple.

R. Par exemple : Quand je viens au Catéchiſme, c'eſt pour apprendre ma Religion ; Quand j'évite le péché, c'eſt pour ne pas déplaire à Dieu.

D. Qu'entendez-vous par la liberté ?

R. J'entens le pouvoir que nous avons de faire ou ne pas faire, ſelon notre choix, les choſes que nous faiſons.

D. Donnez-en un exemple.

R. Par exemple ; Je puis parler ou me taire, vouloir ou ne pas vouloir, selon que je m'y détermine par mon propre choix.

D. Pouvez-vous faire de même en ce qui regarde le salut ?

R. Oüi, je le puis, mais avec la grace de Dieu.

D. Qui nous a donné notre raison & notre liberté ?

R. C'est Dieu qui nous les a données ?

D. Quel usage en devons nous faire ?

R. Les employer à connoître & à servir Dieu.

Création d'Adam & d'Eve. Genese, ch. 1. & 2.

PRATIQUES. 1. Agir en tout avec raison & par raison, & se demander compte à soi même de la raison pour laquelle on agit, pour éviter la précipitation & l'inutilité dans ses actions.

2. Ne point trop nous fier à notre propre raison, mais à cause de notre ignorance, déferer volontiers aux raisons & aux sentimens des autres.

3. Nous assujettir à obéir volontiers à ceux à qui Dieu a soumis notre liberté en nous la donnant.

IX. Suite du 1. Article du Symbole.

Chûte du premier homme, & péché originel.

D. Dans quel état Dieu créa-t'il Adam & Eve?

R. Il les créa dans un état de sainteté & de bonheur.

D. Durerent-ils long-tems dans cet état ?

R. Non, ils en déchûrent bien-tôt par leur désobéïssance.

D. En quoi désobéïrent-ils à Dieu ?

R. En mangeant d'un fruit que Dieu leur avoit défendu de manger.

D. Qui est-ce qui les porta à désobéïr à Dieu ?

R. Ce fut le Démon.

D. Quel mal a produit cette désobéïssance de nos premiers parens ?

R. Elle les a rendus malheureux eux & tous leurs descendans.

D. Comment les a-t'elle rendus malheureux ?

R. En ce qu'ils sont devenus dignes de l'enfer, sujets à la mort & à toutes sortes de miseres.

D. L'homme ne seroit-il point mort sans le péché ?

R. Non, sans le péché Adam & les hommes auroient été immortels & exempts de tous ces malheurs.

D. Comment cette désobéïssance a-t'elle rendu malheureux tous les descendans du premier homme ?

R. En ce qu'ils naissent tous coupables du même péché, & sujets aux mêmes miseres que lui.

D. Quand nous venons au monde, sommes-nous coupables de quelque péché ?

R. Oüi, on appelle ce péché, le péché originel, à cause que nous le tirons de notre origine.

D. Quels sont en nous les effets de ce péché ?

R. Il y en a quatre. 1. L'ignorance de Dieu & de nos devoirs.

2. La concupiscence, c'est-à-dire, l'inclination que nous avons au mal.

3. Les peines de cette vie & la mort.

4. La damnation éternelle.

D. Tous les hommes sont donc dignes de la damnation éternelle dès leur naissance ?

R. Oüi, à cause du péché originel.

D. Comment est-ce qu'ils peuvent être délivrez de cette damnation ?

R. C'est par les mérites de Jesus-Christ qui les a rachetez par sa mort.

D. Qui sont ceux pour qui Jesus-Christ est mort ?

R. Il est mort pour tous les hommes, & il veut

sincerement que tous les hommes soient sauvez.

Chûte d'Adam dans le Paradis. Gen. ch. 3.

PRATIQUES. 1. Combattre en nous l'inclination qui
nous porte au péché, & la mortifier par des actions
contraires : par exemple,

2. Quand elle nous porte à la gourmandise, la combattre par des jeûnes & des abstinences

3. Quand elle nous porte à la vanité, la combattre par
des humiliations volontaires, ou supportant sans se
plaindre les humiliations qui nous arrivent.

4. Rémédier à notre ignorance par l'étude de nos devoirs, & la fidélité à ne rien faire d'important sans
conseil.

X. Des 2. & 3. Articles du Symbole.

Article 2. *En Jesus-Christ son Fils unique
notre Seigneur.*

Article 3. *Qui a été conçu du saint-Esprit, est
né de la Vierge Marie.*

D. QU'est-ce que Jesus-Christ ?

R. C'est le Fils de Dieu qui s'est fait homme
pour nous.

D. Qu'entendez-vous par ces paroles, *son Fils* ?

R. J'entens que le Fils de Dieu est véritablement
engendré de Dieu le Pere, & cela de toute
éternité.

D. Dieu le Fils est-il inférieur au Pere ?

R. Non, il lui est consubstantiel.

D. Que signifie ce mot *Consubstantiel* ?

R. C'est-à-dire, que Dieu le Fils a la même substance & la même nature que Dieu le Pere, &
qu'il lui est égal en toutes choses.

D. Pourquoi l'appellez-vous son Fils *unique* ?

　　　　　　　　　R. Parce

R. Parce qu'il n'y a que lui qui ſoit engendré du Pere Eternel.

D. Le ſaint-Eſprit n'eſt-il pas auſſi engendré?

R. Non, il n'y a que le Fils.

D. Pourquoi l'appellez-vous *notre Seigneur?*

R. Parce que nous appartenons à Jeſus-Chriſt,

1. Comme créatures qu'il a tirées du néant.

2. Comme eſclaves qu'il a rachettez par ſon Sang.

D. Qu'entendez-vous par ces paroles: *Qui a été conçû du ſaint-Eſprit?*

R. J'entens, 1. Que le Fils de Dieu s'eſt fait homme comme nous.

2. Que le corps qu'il a pris, a été formé dans le ſein d'une Vierge par l'operation du S. Eſprit.

D. Que ſignifient ces paroles, *Né de la Vierge Marie?*

R. Elles ſignifient, 1. Qu'une Vierge appellée Marie a enfanté le Fils de Dieu. 2. Quelle l'a mis au monde, comme elle l'avoit conçû, c'eſt-à-dire, demeurant toujours Vierge.

Le Buiſſon ardent, figure de la Virginité de la ſainte Vierge. Exode, ch. 3.

PRATIQUES. 1. Lorſqu'on entend prononcer le ſaint Nom de JESUS. ou de MARIE, ſe découvrir, ou s'incliner pour marquer ſon reſpect.

2. Reciter avec dévotion la priere appellée l'*Angelus*, lorſqu'on ſonne le matin, à midi & au ſoir pour en avertir les Fideles.

XI. Des 4. & 5. Articles du Symbole.

Article 4. *A ſouffert ſous Ponce Pilate, a été crucifié, eſt mort, & a été enſeveli.*

Article 5. *Eſt deſcendu aux enfers, le troiſiéme jour eſt reſſuſcité de mort à vie.*

D. Que ſignifient ces paroles, *a ſouffert, a été crucifié ſous Ponce Pilate?*

R. Elles signifient que Jesus-Christ a été chargé d'opprobres, foüetté, couronné d'épines, & attaché à une Croix sous un Juge nommé Ponce Pilate.

D. Que veut-dire , *est mort ?*

R. C'est-à-dire, que son Ame a été véritablement séparée de son corps.

D. La Divinité en a-t'elle été séparée aussi ?

R. Non , elle a toujours été unie à l'Ame & au Corps de Jesus-Christ, lors même que son Ame & son Corps furent separez l'un de l'autre.

D. Comment Jesus-Christ a-t'il pû souffrir & mourir, puisqu'il est Dieu ?

R. Il n'a point souffert en tant que Dieu , mais il a souffert en tant qu'homme, & c'est en tant qu'homme qu'il est mort.

D. Que devint le Corps de Jesus-Christ après sa mort ?

R. Il fut enseveli & mis dans un tombeau : c'est pour cela que le Symbole ajoute, *a été enseveli.*

D. Que devint son Ame , lorsqu'elle fut séparée de son Corps ?

R. Le Symbole enseigne qu'elle *descendit aux Enfers.*

D. Qu'entendez-vous par les Enfers, où Jesus-Christ est descendu ?

R. J'entens le lieu où étoient détenuës les ames des Justes, morts dans la grace de Dieu, depuis la création du monde.

D. Pourquoi Jesus-Christ y descendit-il ?

R. Pour délivrer ces ames saintes & les conduire au Ciel.

D. Pourquoi dites-vous que Jesus-Christ *est res-suscité de mort à vie ?*

R. C'est que l'Ame de Jesus-Christ s'étant réünie à son Corps, il sortit de son tombeau plein de vie.

D. Quand est-ce qu'il ressuscita ?

R. Il ressuscita le troisiéme jour après sa mort.

D. Pourquoi Jesus-Christ a-t'il souffert, & operé tous ces grands Mystéres ?

R. C'est pour montrer son amour pour nous, & pour operer notre salut.

Jonas dans la Baleine. Liv. de Jonas, ch. 2.

PRATIQUES. 1. Quand on a quelque chose à souffrir, songer pour s'encourager que le Fils de Dieu a souffert bien d'autres tourmens, quoiqu'il fût innocent.

2. Offrir à Dieu nos souffrances, quelques legeres qu'elles soient, comme les incommoditez des saisons, ou les maladies, & les offrir en union des souffrances de Jesus Christ, en disant:

Recevez, ô mon Dieu l'offrande que je vous fais de ce que je souffre, comme vous avez reçû les souffrances de Jesus-Christ, auquel je m'unis pour vous être agréable.

3. Offrir de même son travail, avec les peines qui y sont attachées.

4. Accepter la mort que nous subirons un jour, & l'offrir à Dieu en union de la mort de Jesus Christ.

XII. Des 6. & 7. Articles du Symbole.

Article 6. *Est monté aux Cieux, est assis à la droite de Dieu le Pere Tout-Puissant.*

Article 7. *D'où il viendra juger les vivans & les morts.*

D. QUe signifient ces paroles, *Est monté aux Cieux ?*

R. Elles signifient que Jesus-Christ quarante jours après sa resurrection, s'est élevé dans le Ciel par la vertu de sa Divinité.

D. Que signifient ces paroles, *Est assis à la droite de Dieu le Pere Tout-Puissant ?*

R. Elles signifient deux choses :

1. Que Jesus-Chrift en tant que Dieu, eft égal à fon Pere en puiffance & en gloire.

2. Qu'il eft élevé dans le Ciel, en tant qu'homme, au-deffus de toutes les créatures par la grandeur de fa gloire & de fa puiffance.

D. Où eft maintenant notre Seigneur Jefus-Chrift ?

R. En tant que Dieu, il eft par tout ; en tant qu'homme, il eft au Ciel & au faint Sacrement.

D. Que fait-il au Ciel pour nous ?

R. Il intercede pour nous auprès de Dieu fon Pere.

D. Que veulent dire ce paroles, *d'où il viendra juger les vivans & les morts ?*

R. Elles fignifient qu'à la fin du monde Jefus-Chrift defcendra vifiblement du Ciel, pour juger les hommes.

D. Qu'entendez-vous par *les vivans & les morts?*

R. J'entens, 1. Que Jefus - Chrift jugera tous les hommes, tant ceux qui auront été, que ceux qui feront encore fur la terre au tems de fa venuë.

2. *Par les vivans & les morts*, j'entens les juftes & les pécheurs.

D. Quoi tous les hommes qui ont vécu depuis Adam, feront jugez?

R. Oüi, aucun ne pourra éviter ce Jugement.

D. Sur quoi les hommes feront-ils jugez?

R. Sur le bien & le mal qu'ils auront fait.

Parabole des Talens. En S. Matth. chap. 25.

PRATIQUES. 1. Lorfqu'on regarde le Ciel, s'exciter au defir d'y aller bientôt, pour y regner avec Jefus-Chrift.

2. Au commencement de chaque action, penfer que nous ferons jugez un jour fur cette action, & fur la maniere dont nous l'aurons faite.

XIII. Des 8. & 9. Articles du Symbole.

Article 8. Je crois au saint-Esprit.

Article 9. La Sainte Eglise Catholique, la Communion des Saints.

D. QU'entend-on par ces paroles, *Je crois au saint-Esprit ?*

R. J'entens qu'il y a une troisiéme Personne en Dieu, qu'on appelle le saint-Esprit.

D. Que faut-il croire du saint-Esprit ?

R. Il faut croire qu'il procede du Pere & du Fils, & qu'il a avec eux une même nature.

D. Le saint-Esprit est-il Dieu comme le Pere & le Fils ?

R. Oüi, il leur est égal en toutes choses.

D. Que signifient ces paroles, *la sainte Eglise Catholique ?*

R. Elles signifient 1. Qu'il n'y a qu'une Eglise. 2. Qu'elle est Sainte. 3. Qu'elle est Catholique.

D. Qu'est-ce que l'Eglise ?

R. C'est l'Assemblée des Fideles gouvernez par notre saint Pere le Pape, & par les Evêques.

D. De qui le Pape & les Evêques tiennent-ils l'autorité de gouverner l'Eglise ?

R. Ils la tiennent de Jesus-Christ : c'est de lui qu'ils l'ont reçuë, & c'est en son nom qu'ils l'exerçent.

D. Pourquoi dites-vous que l'Eglise est *Une ?*

R. Parce que 1. Ceux qui sont dans l'Eglise, professent une même foi.

2. Ils participent aux mêmes Sacremens.

3. Ils ont entre eux une societé de prieres.

4. Ils n'ont qu'un même Chef invisible, qui est Jesus-Christ, & un même Chef visible, qui est le Pape, Vicaire de Jesus-Christ.

C iij

D. Pourquoi appellez-vous l'Eglise *Sainte* ?

R. C'est 1. Parce que sa Doctrine & ses Sacremens sont saints.

2. Qu'il n'y a des saints que dans sa société.

3. Que Jesus-Christ son Chef est la source de toute sainteté.

D. Qu'est-ce à dire, que l'Eglise est *Catholique* ?

R. C'est-à-dire, quelle est Universelle.

D. Pourquoi dites-vous que l'Eglise est universelle ?

R. Parce qu'elle s'étend à tous les tems & à tous les lieux.

D. Les persécutions & les héréfies ne pourroient-elles point la détruire ?

R. Non, le Saint-Esprit qui la gouverne, lui a promis de la conserver & de la défendre toujours.

Le Déluge, & l'Arche de Noé, figure de l'Eglise. Genese, chap. 7.

PRATIQUES. 1. Prier Dieu quelquefois pour la conversion des Infideles & des Hérétiques,

2. Contribuer aux Missions par ses aumônes ou par ses soins.

3. Instruire ceux qui ignorent leur Catéchisme, ou procurer qu'ils soient instruits.

XIV. Suite du 9. Article du Symbole.

De la Communion des Saints.

D. QU'entendez-vous par la *Communion des Saints* ?

R. J'entens que tous les Fideles sont freres, & qu'ils sont membres d'un même corps qui est l'Eglise, & que tous les biens spirituels de l'Eglise sont communs entre eux.

D. Quels sont les biens spirituels de l'Eglise ?

R. Ce sont les mérites de Jesus-Christ, & de tous les Justes, qui ont été & qui sont dans le monde.

D. Participons-nous à toutes les bonnes œuvres qui se font dans le monde ?

R. Oüi, à cause de la Communion des Saints.

D. N'est-ce point pour signifier cette union des Fideles, qu'on donne le Pain beni les Dimanches à la Messe de Paroisse ?

R. Oüi, c'est là une figure de cette union entre les Fideles, qui mangent tous d'un même pain, comme étant enfans de la même famille.

D. Pourquoi donne-t'on le nom de *Saints* aux Fideles ?

R. Parce qu'ils sont appellez à être Saints, & qu'ils sont consacrez à Dieu par le Baptême.

D. N'avons-nous pas aussi communion avec les Saints qui sont dans le Ciel ?

R. Oüi, nous participons à leurs mérites, nous les invoquons, & ils nous secourent de leur intercession.

D. Avons-nous aussi quelque union avec les ames qui sont en Purgatoire ?

R. Oüi, & nous les sécourons par nos prieres.

D. Comment appelle-t'on les Saints qui sont au Ciel ?

R. On les appelle l'*Eglise triomphante*, parce qu'ils triomphent avec Jesus-Christ.

D. Comment appelle-t'on les ames qui sont en Purgatoire ?

R. On les appelle l'*Eglise souffrante*, parce qu'elles souffrent pour l'expiation entiere de leurs péchez.

D. Comment appelle-t'on les Fideles qui sont sur la terre ?

R. On les appelle l'Eglise *militante* ou *combattante*, parce qu'ils combattent contre les ennemis de leur salut.

D. Sont-ce là trois Eglifes differentes ?

R. Non, ce font trois partiés de la même Eglife.

D. Comment ces trois parties de la même Eglife, n'en font-elles qu'une ?

R. Parce qu'elles font unies entre elles par la charité & par la participation aux mérites de Jefus-Chrift leur Chef.

Prieres d'Abraham pour la Ville de Sodome.
Genefe , chap. 18.

PRATIQUES. 1. S'unir intérieurement à toutes les bonnes œuvres qui fe font fur la terre, en loüer Dieu, & les lui offrir

2. Appuyer les gens de bien dans les entreprifes faintes qu'ils font pour la gloire de Dieu & le falut des ames.

3. Sécourir les ames qui font en Purgatoire par des prieres, des aumônes, des mortifications & d'autres bonnes œuvres.

XV. Des 10. 11. & 12. Art. du Symbole.

Article 10. *La rémiffion des péchez.*

Article 11. *La réfurrection de la chair.*

Article 12. *La vie éternelle.*

D. QU'entendez-vous par *la rémiffion des péchez ?*

R. J'entens que Jefus-Chrift a donné à l'Eglife, le pouvoir de remettre toute forte de péchez.

D. Comment l'Eglife remet-elle les péchez ?

R. Par le moyen des Sacremens.

D. Y a-t'il des péchez qui ne puiffent être remis par le pouvoir de l'Eglife ?

R. Il n'y en a aucun, quelque énorme qu'il foit.

D. Qu'entendez-vous par *la réfurrection de la chair ?*

R. J'entens que tous ceux qui font morts depuis

le commencement du monde, reſſuſciteront
un jour.

D. Qu'entendez-vous par *reſſuſciter ?*

R. J'entens que les corps ſortiront de la terre
pour être réünis à leurs ames, & qu'ainſi les
morts deviendront en vie.

D. Quand cela arrivera-t'il ?

R. A la fin du monde, avant le Jugement dernier.

D. Pourquoi les morts reſſuſciteront-ils ?

R. C'eſt pour recevoir dans leur corps la récom-
penſe de leurs bonnes œuvres, ou le châti-
ment de leurs péchez.

D. Quel corps aurons-nous en reſſuſcitant ?

R. Nous aurons le même corps & la même chair
que nous aurons eû pendant notre vie.

D. Tous les corps reſſuſciteront-ils dans le même état ?

R. Tous reſſuſciteront pour ne plus mourir,
mais avec cette difference, que les corps des
méchans reſſuſciteront pour ſouffrir, & les
corps des bons pour être heureux.

D. Qu'entendez-vous par les bons & les méchans ?

R. Les bons ſont ceux qui meurent dans la grace
de Dieu ; les méchans ſont ceux qui meurent
dans le péché mortel.

D. Qu'entendez-vous par *la vie éternelle ?*

R. J'entens que la reſurrection ſera ſuivie d'une
vie qui ne finira jamais.

D. Quelle ſera cette vie ?

R. Ce ſera une vie éternellement heureuſe pour
les bons, & éternellement malheureuſe pour
les méchans.

*Reſurrection du Lazare, figure de la reſurrec-
tion & de la rémiſſion des péchez. En S. Jean,
chap. 11.*

PRATIQUES. 1. Quand il faut choisir un état de vie ou un emploi. faire ce choix, non par des vûës d'interêt, mais dans la vuë de se procurer une éternité bienheureuse, & demander à Dieu de nous éclairer à ce sujet.

2. Ne point trop ménager son corps, le priver quelquefois des commoditez & des plaisirs permis, pour lui procurer une resurrection glorieuse.

XVI. Du Péché Mortel.

D. QU'est-ce que le Péché Actuel ?

R. C'est celui que nous commettons par notre propre volonté.

D. En combien de manieres commet-on le Péché Actuel ?

R. En quatre manieres, par pensées, par paroles, par actions & par omissions.

D. Qu'entendez-vous par omission ?

R. C'est manquer de faire ce à quoi on est obligé : par exemple, Ne point entendre la Messe un jour de Fête, c'est un péché d'omission.

D. Combien y a-t'il de sortes de Péchez Actuels ?

R. De deux sortes, le Péché Mortel, & le Péché Véniel.

D. Qu'est-ce que le Péché Mortel ?

R. C'est un Péché qui nous fait perdre la grace sanctifiante, & qui mérite l'Enfer.

D. Pourquoi l'appelle-t'on Mortel ?

R. C'est, 1. Parce qu'il mérite l'Enfer, qu'on appelle la mort éternelle.

2. Parce qu'il donne la mort à notre ame.

D. Est-ce que tout Péché Mortel mérite l'Enfer ?

R. Oüi, il ne faut qu'un Péché Mortel pour le mériter.

D. Comment le Péché Mortel donne-t'il la mort à notre ame qui est immortelle ?

R. On dit que le Péché lui donne la mort, en ce qu'il lui fait perdre la grace sanctifiante, qui est sa vie.

D. Quels sont les effets de cette mort spirituelle de l'ame par le Péché ?

R. 1. L'ame devient l'ennemie de Dieu & l'objet de sa colere.

2. Elle est dans la puissance du démon.

3. Elle perd tout le mérite de ses bonnes œuvres passées.

D. Quoi celui qui auroit passé sa vie dans la pénitence & les bonnes œuvres, en perdroit le mérite par un Péché Mortel ?

R. Oüi, parce qu'en péchant mortellement, il devient l'ennemi de Dieu.

D. Nous devons-donc bien craindre le Péché Mortel ?

R. Oüi, & plus que tous les maux de ce monde.

D. S'il falloit choisir entre la mort & le Péché Mortel, que choisiriez-vous ?

R. Je choisirois plûtôt tous les malheurs & la mort même, que de commettre un seul Péché Mortel.

Les trois Enfans dans la fournaise. Dan. ch. 3.

PRATIQUES. 1. Demander souvent à Dieu qu'il nous préserve du Péché Mortel, & que s'il prévoit que nous y devions tomber, il nous retire plûtôt de ce monde.

2. Dès qu'on reconnoît être tombé en Péché Mortel, faire un Acte de Contrition, & recourir le plûtôt qu'on peut au Sacrement de Pénitence.

XVII. Des Péchez Capitaux.

De l'Orgüeil.

D. QUels sont les Péchez Capitaux ?

R. Il y en a sept, Orgüeil, Avarice, Luxure, Envie, Gourmandise, Colere, & Paresse.

D. Pourquoi les nomme-t'on *Capitaux* ?

R. Parce qu'ils sont les sources de beaucoup d'autres Péchez.

D. Qu'est-ce que l'Orgüeil ?

R. C'est un amour déréglé de soi-même, qui fait qu'on présume de soi, qu'on se préfere aux autres, & qu'on veut s'élever au dessus d'eux.

D. Quels sont les vices que l'Orgüeil cause plus ordinairement ?

R. Il y en a sept, l'estime de soi-même, la présomption, le mépris du prochain, la vanité, l'ambition, l'hypocrisie, & la désobéïssance.

D. Quelle est la vertu opposée à l'orgüeil ?

R. C'est l'humilité.

D. L'humilité est-elle nécessaire au salut ?

R. Oüi, elle est si nécessaire, que sans l'humilité nous ne pouvons être sauvez.

D. Un homme qui fait de grandes aumônes & des grandes pénitences, ne sera-t'il pas sauvé ?

R. Non, s'il n'a point d'humilité, & s'il s'énorgüeillit de ses bonnes œuvres.

D. Pouvons-nous prendre confiance dans nos bonnes œuvres ?

R. Toute notre confiance doit être dans les mérites de Jesus-Christ, & dans l'aveu de notre misere.

D. Quels sont les effets de l'humilité ?

R. Se mépriser soi-même, ne point chercher à s'élever ni à se produire, ne mépriser personne, obéïr, & ceder volontiers à tout le monde.

D. Donnez-nous quelques motifs qui nous engagent à fuir l'orgüeil, & à pratiquer l'humilité.

R. En voici trois. 1. L'horreur que Dieu a des orgüeilleux.

2. L'exemple de Jesus-Christ qui a choisi sur la terre une vie humble.

3. Le mépris & les railleries que tout le monde fait des orgüeilleux.

Nabuchodonosor changé en bête. Dan. ch. 4.

PRATIQUES. 1. Ne jamais parler de soi par vanité, ni des choses qui nous appartiennent, comme nos parens, nos richesses, nos bonnes œuvres, &c.

2. Ne méprifer ni railler perfonne.

3. Eviter les ajuftemens mondains & les parures fuperfluës.

4. Ne point nous excufer quand on nous reprend, s'il n'eft néceffaire.

XVIII. De l'Avarice, la Luxure & l'Envie.

D. QU'eft-ce que l'Avarice?

R. C'eft un amour déréglé des biens de la terre, principalement de l'argent.

D. Quels font les effets de l'Avarice?

R. 1. Ufer de menfonges & de tromperies pour s'enrichir.

2. S'occuper tellement de l'acquifition des richeffes, qu'on en oublie fon falut.

3. Trop épargner pour amaffer du bien.

4. Refufer l'aumône quand on la peut faire.

5. Prendre ou retenir injuftement le bien d'autrui.

D. Qu'eft-ce que la Luxure?

R. C'eft une affection déréglée pour les plaifirs contraires à la pureté.

D. Quelles font les caufes les plus ordinaires de ce péché?

R. 1. Boire & manger avec excès ou trop de fenfualité.

2. Fréquenter trop familiérement les perfonnes de fexe different, ou contracter avec elles des amitiez trop tendres.

3. Dire des paroles ou des chanfons libres, ou fe plaire à les entendre.

4. Lire des Romans, des Comédies, ou d'autres livres qui parlent d'amour.

5. Etre oisif & paresseux.

D. N'y en a-t'il point encore une particuliere pour les filles, & qu'elles doivent éviter ?

R. Oüi, c'est d'aimer à être parées, & à plaire, porter la gorge découverte, être habillées & coëffées peu modestement.

D. Qu'est-ce que l'Envie ?

R. C'est une tristesse du bien de notre prochain, en tant que nous croyons qu'il diminuë le notre.

D. Quels sont les effets de ce vice ?

R. 1.Chercher à diminuer la réputation ou le crédit de son prochain, en disant du mal de lui.

2. Ressentir du plaisir, lorsqu'on entend les autres en médire.

3. Interpréter aisément en mal ses actions.

4. Ressentir de la joye lorsqu'il lui arrive du mal.

Samsom séduit par Dalila. Liv. des Juges, c. 16.

PRATIQUES 1. Donner l'aumône volontiers & abondamment.

2. Ne point faire de réserve d'argent sans une grande nécessité, se confiant pour l'avenir à la Providence de Dieu.

3. Fuir les danses, les bals, les comédies, les assemblées dangereuses, comme des écüeils de la pureté

4. Eviter la familiarité des personnes de sexe different.

Il faut récommander ici aux petites filles de ne point joüer avec les petits garçons, même à des jeux innocens.

Le Catéchisme sur la Gourmandise, est remis au Dimanche gras.

XIX. De la Colere & de la Paresse.

D. QU'est-ce que la Colere ?

R. Q C'est un mouvement violent de notre ame, qui nous porte à nous venger.

D. Quels sont les effets de ce péché ?

R. 1. S'occuper avec dépit des injures qu'on croit avoir reçuës.

2. Dire des paroles injurieuses & méprisantes.

3. Frapper son prochain en quelque maniere que ce soit.

4. Former le dessein de se venger dans l'occasion.

D. A quoi est-on obligé quand par la colere on a injurié, frappé ou fait insulte à son prochain ?

R. On est obligé à lui faire excuse, réparer le tort qu'on lui a fait, & se réconcilier avec lui.

D. Et quand on a reçu quelque mauvais traitement de ses ennemis, à quoi est-on obligé ?

R. On est obligé à pardonner, à se réconcilier aisément, & même à aimer ses ennemis.

D. Cette obligation est-elle bien pressante ?

R. Oüi, sans cela il n'y a point de salut.

D. Celui qui dit : Je ne veux point de mal à mon ennemi, je lui pardonne, mais je ne veux ni le voir, ni entendre parler de lui, sera-t'il sauvé ?

R. Non, parce qu'il n'aime pas son ennemi.

D. A quoi nous oblige cet amour de nos ennemis?

R. 1. A les regarder comme nos freres en Jesus-Christ.

2. A leur rendre les devoirs de la société, comme les saluër, leur parler, &c.

3. A leur faire du bien dans l'occasion.

D. Qu'est-ce que la Paresse ?

R. C'est un dégoût volontaire des exercices de la pieté, & une négligence des devoirs de son état, particulierement de ceux de la religion.

D. Qu'entendez-vous par les devoirs de son état?

R. J'entens les obligations où l'on est engagé par l'état où on est : par exemple ; Un Ecolier doit étudier ; un Valet doit servir son Maître, & lui obéïr.

D. Quels font les effets de la Pareffe ?

R. 1. Paffer des tems confiderables fans fonger à
Dieu & à fon falut.

2. Négliger les Inftructions, les Sacremens , les
bonnes œuvres, & tout ce qui excite à la pieté.

3. Perdre fon tems au jéu ou à des amufemens
inutiles.

4. Dormir trop.

5. Négliger le travail & les fonctions de fon état.

Meurtre d'Abel. Genefe , ch. 4. ou *Parabole des
dix mille Talens.* S. Matth. ch. 18.

PRATIQUES. 1. Réprimer fes petites impatiences jour-
naliéres s'impofer une pénitence chaque fois qu'on y
tombe, comme baifer la terre donner une aumône, &c.

2. Si on a un ennemi , ou quelqu'un avec qui on foit en
querelle , aller dès le jour même fe réconcilier, quand
même on n'auroit pas tort , ou qu'on feroit fupérieur
en âge ou en dignité.

3. Chaque jour pratiquer quelque exercice de pieté ,
comme une lecture pieufe, quelque œuvre de charité,
un quart d'heure de méditation , &c.

XX. Du Scandale.

D. QU'eft-ce que le Scandale ?

R. C'eft une parole , une action ou une
omiffion qui porte au péché, ceux qui en ont
connoiffance.

D. En combien de manieres donne-t'on Scandale?

R. 1. Offenfant Dieu en préfence du prochain ,
& lui donnant par là l'exemple de l'offenfer
de même.

2. En lui apprenant à l'offenfer , comme celui
qui enfeigneroit à un enfant à dérober , ou à
dire des paroles fales.

3. Confeillant de mal faire, comme de voler ou
de mentir.

4. Donnant

4. Donnant occasion d'offenser **Dieu**, comme ceux qui gardent des tableaux deshonnêtes, qui parlent contre la Religion ou la pureté, les femmes qui portent la gorge découverte, &c.

D. Le Scandale augmente-t'il beaucoup le péché?

R. Oüi, il est lui-même souvent un crime énorme.

D. Pourquoi ce crime est-il si énorme ?

R. 1. Parce que le Scandaleux se rend coupable des péchez que cause son Scandale.

2. Parce qu'il est très-difficile & souvent impossible de réparer tout le mal, que le Scandale a causé.

3. Parce qu'il est plus injurieux à Jesus-Christ que les autres péchez.

D. Pourquoi est-il plus injurieux à Jesus-Christ ?

R. Parce qu'il damne les ames que Jesus-Christ veut sauver, & qu'il a rachetées par son Sang.

D. A quoi le Scandale oblige-t'il celui qui l'a donné ?

R. A deux choses. 1. A accuser à confesse la circonstance du Scandale ajouté au péché qu'il a commis.

2. A réparer, s'il le peut, le Scandale qu'il a donné, & les péchez qui en ont été les suites.

Mort des deux Enfans d'Hely. 1. Liv. des Rois, chap. 4.

PRATIQUES. 1. Eviter non - seulement ce qui de soi porte au péché, mais même, ce qui étant de soi innocent, pourroit porter au péché des personnes foibles, aisées à scandaliser.

2. Si on se souvient d'avoir conseillé à quelqu'un une chose où il y auroit du péché, se dédire au plûtôt de son mauvais conseil.

3. Gagner à Dieu par son bon exemple & ses bonnes œuvres, autant d'ames s'il est possible, qu'on en a perduës par ses mauvais exemples.

D

XXI. Du Péché Véniel.

D. QU'est-ce que le Péché Véniel ?

R. C'est un péché qui affoiblit en nous la grace sanctifiante, quoiqu'il ne nous l'ôte pas.

D. Quand est-ce qu'un péché est véniel ?

R. Quand il est en matiere peu considerable, ou que le consentement de la volonté est imparfait.

D. Donnez-en quelque exemple.

R. Une impatience legere est un péché véniel, à cause de la légereté de la matiere. Une pensée contre la foi est un péché véniel, quand on ne s'y est point arrêté avec une volonté parfaite.

D. Tous les péchez ne sont donc pas égaux entre eux ?

R. Non, il y en a de plus grands les uns que les autres, soit entre les péchez véniels, soit entre les péchez mortels.

D. Celui qui meurt coupable seulement de péchez véniels, va-t'il en Enfer ?

R. Non, parce qu'il n'a pas perdu entierement la grace sanctifiante.

D. Où va-t'il donc ?

R. S'il n'a pas fait pénitence de ses péchez véniels, il va en Purgatoire satisfaire à la Justice de Dieu.

D. Devons-nous craindre beaucoup le péché véniel ?

R. Oüi, & plus que tous les maux imaginables.

D. Pourquoi cela ?

R. C'est 1. Que ce péché déplaît à Dieu, & c'est assez pour en détourner ceux qui aiment Dieu de tout leur cœur.

2. Les péchez véniels conduisent peu à peu aux mortels, & par là à l'Enfer.

Enfans *dévorez par des Ours.* 4. Liv. des Rois,
chap. 2.

PRATIQUES. 1. Examiner les péchez véniels qu'on
commet plus souvent, comme les petits mensonges,
les impatiences, &c. & chercher les moyens de s'en
corriger.
2 Entreprendre chaque mois de corriger une de ses mauvaises habitudes ; par exemple, dans ce mois, se corriger des petits juremens, le mois suivant, des paroles
de vanité, &c.

XXII. De la Grace.

D. QU'est-ce que la Grace ?
R. C'est un don surnaturel que Dieu nous
fait par sa pure bonté & par les mérites de
Jesus-Christ, pour opérer notre salut.
D. Combien y a-t'il de sortes de Graces ?
R. De deux sortes, la Grace habituelle, autre-
ment la Grace sanctifiante, & la Grace actuelle.
D. Qu'est-ce que la Grace habituelle ou sancti-
fiante ?
R. C'est celle qui nous rend Saints devant Dieu,
dès qu'elle est en nous.
D. Pourquoi l'appelle-t'on *habituelle* ?
R. Parce qu'elle se conserve en nous, lors mê-
me que notre volonté n'agit point : par exemple, Elle est dans les enfans baptisez, avant
l'usage de raison.
D. Qu'est-ce que la Grace actuelle ?
R. C'est celle qui ne nous sanctifie pas d'elle-
même, mais nous dispose à être Saints, ou à
devenir plus Saints, quand nous y cooperons.
D. Pourquoi l'appelle-t'on *actuelle* ?
R. Parce que c'est un mouvement passager & intérieur, par lequel Dieu nous excite & nous
aide à faire le bien.

D. Donnez-en un exemple.

R. Si la Grace de Dieu m'excite à donner actuel-
lement l'aumône, cette penfée, ou ce mouvement eft une Grace actuelle.

D. Qu'eft-ce que cooperer à la Grace ?

R. C'eft fuivre fon mouvement : par exemple,
Suivre l'infpiration que Dieu donne de faire
l'aumône, c'eft cooperer à la Grace.

D. Sommes-nous libres de cooperer à la Grace,
ou de n'y pas cooperer ?

R. Oüi, fans cela, nous n'aurions pas de mérite.

D. Pouvons-nous faire quelque chofe qui mérite
le Ciel fans la Grace ?

R. Non, nous ne pouvons rien du tout pour le
Ciel fans la Grace de Dieu.

D. Quelle conféquence tirez-vous de cette vérité?

R. La premiere, de demander à Dieu fa Grace,
puifque je ne puis rien pour le falut fans elle.
La feconde, de ne point m'enorgüeillir des
bonnes œuvres, puifque c'eft par la Grace
que je les fais.

D. Comment fe perd la Grace ?

R. On perd la Grace habituelle par le péché mortel : on perd les Graces actuelles en refiftant à
leurs infpirations.

D. Eft-ce qu'on refifte aux mouvemens inté-
rieurs de la Grace ?

R. Oüi, & nous n'y refiftons que trop.

D. Comment obtient-on la Grace ?

R. On l'obtient par les Sacremens & par la priere.

Péché de S. Pierre, fuite de fa préfomption.
S. Jean, chap. 18.

PRATIQUES. 1. Approcher fouvent des Sacremens,
pour y puifer des graces plus abondantes & plus fré-
quentes

2. Prier fouvent pour demander à Dieu fes graces, fur-
tout dans les tentations ou au commencement de fes

actions ; aller quelquefois devant le saint Sacrement
prier à cette intention.

3. Quand on a fait une bonne œuvre , s'humilier devant
Dieu, reconnoissant que c'est l'effet de sa grace.

4. Quand le saint-Esprit nous inspire ou de faire une
bonne œuvre , ou de fuir l'occasion du péché , ne pas
differer, mais obéir aussi tôt à son mouvement.

XXIII. Du *Pater*, ou Oraison Dominicale.

D. QUelle est la plus excellente priere ?

R. C'est le *Pater* ?

D. Qu'est-ce que le *Pater* ?

R. C'est une priere qui nous a été enseignée par
Jesus-Christ.

D. A qui parlons-nous en disant le *Pater* ?

R. Nous parlons à Dieu.

D. Pourquoi l'appellons-nous *notre Pere* ?

R. Pour nous apprendre à avoir en Dieu la confiance qu'un fils doit avoir en son pere.

D. Dieu est-il notre Pere ?

R. Oüi, il nous a donné la vie , & il nous donnera son héritage qui est le Ciel.

D. Pourquoi disons-nous , *notre Pere*, plûtôt que
mon Pere ?

R. C'est pour montrer que tous les Chrétiens
sont freres , ayant tous un même Pere.

D. Pourquoi disons-nous , *qui êtes aux Cieux*,
Dieu étant par-tout ?

R. C'est que , quoique Dieu soit par tout, nous
regardons le Ciel comme le trône de sa gloire.

D. Combien y a-t'il de demandes au *Pater* ?

R. Il y en a sept.

D. Que demandons-nous par la premiere , *Que
votre nom soit sanctifié* ?

R. Nous demandons que Dieu soit connu,

D iij

aimé & adoré, & qu'on craigne de l'offenser.

D. Expliquez cela plus en détail.

R. Nous demandons 1. Que les Infideles connoissent & benissent le saint Nom de Dieu.

2. Que les jureurs & blasphemateurs cessent de l'offenser.

3. Que tous les Chrétiens l'honorent par la sainteté de leur vie.

D. Que signifie la seconde demande, *Que votre Regne arrive ?*

R. Nous demandons que Dieu regne dans nos cœurs par sa grace, & qu'il nous fasse regner avec lui dans sa gloire.

D. Que signifie la troisiéme demande, *Que votre volonté soit faite en la terre comme au Ciel?*

R. Nous demandons que les hommes lui obéïssent avec autant d'amour & de fidelité que les Anges.

Parabole de l'Enfant Prodigue. S. Luc, ch. 15.

PRATIQUES. 1. Réciter le *Pater* avec attention & posément, penser en le récitant, au sens de chacune des demandes qu'on y fait à Dieu.

2. Prier pour la conversion de ceux qui deshonorent le saint Nom de Dieu par leurs blasphêmes ou par leurs crimes ; & reprendre ceux qui jurent, si nous en avons le pouvoir.

3. Dans tout ce qui nous arrive de fàcheux, dire intérieurement à Dieu, *que votre volonté soit faite.*

XXIV. Suite du *Pater.*

D. QUe demandons-nous par la quatriéme demande, *Donnez-nous aujourd'hui notre pain de chaque jour ?*

R. Nous demandons à Dieu le pain, ou la nourriture de l'ame & celle du corps.

D. Quel est ce pain de notre ame que nous demandons ?

R. C'eſt la grace de Dieu, ſa ſainte parole, & la Sainte Euchariſtie.

D. Qu'entendez-vous par le pain du corps?

R. C'eſt tout ce qui eſt néceſſaire pour la conſervation de notre vie.

D. Qué nous enſeigne la cinquiéme demande, *Pardonnez-nous nos offenſes?*

R. Elle nous apprend que nous offenſons Dieu tous les jours, & que nous avons beſoin de lui demander pardon ſans ceſſe.

D. Que demandons-nous donc à Dieu par cette demande?

R. Nous demandons qu'il nous accorde le pardon de nos péchez, & qu'il nous donne la grace d'une vraye pénitence.

D. Pourquoi ajoûtons-nous, *Comme nous pardonnons à ceux qui nous ont offenſé?*

R. Pour nous faire ſouvenir qu'il faut pardonner à ceux qui nous offenſent, ſi nous voulons que Dieu nous pardonne.

D. Eſt-ce que Dieu ne nous pardonnera point, ſi nous ne pardonnons pas?

R. Non, puiſque nous le prions par cette demande, que le pardon que nous accordons, ſoit la regle de celui que nous lui demandons.

D. Que ſignifie la ſixiéme demande, *Ne nous induiſez point en tentation?*

R. Nous demandons à Dieu de nous préſerver des tentations, & de nous faire la grace de les ſurmonter.

D. Que ſignifie la ſeptiéme demande; *Délivrez-nous du mal?*

R. Nous demandons d'être préſervez de tous les maux de l'ame & du corps, & du démon qui nous les ſuſcite.

D. Quel eſt le *mal* que nous devons craindre le plus?   R. C'eſt le péché & la damnation.

David insulté par Semeï. Liv. 2. des Rois, ch. 16.

PRATIQUES. 1. Quand on récite le *Pater*, songer si on
a quelque ennemi, lui pardonner de bon cœur, & faire
la résolution de se réconcilier avec lui.
2. Chercher occasion de rendre service à ceux qui nous
veulent du mal, & prier Dieu pour eux.
3. Par reconnoissance pour la bonté de Dieu, qui nous
donne chaque jour le pain qui nous nourrit, contribuer chaque jour à la nourriture de quelque pauvre,
selon nos moyens.

XXV.　Des Sacremens.

D. QU'est-ce qu'un Sacrement ?
R. C'est un signe sensible institué par notre
Seigneur Jesus-Christ, pour nous sanctifier.
D. Pourquoi dit-on qu'un Sacrement est *un signe
sensible ?*
R. C'est un signe, parce qu'il signifie la grace
qu'il produit en nous ; & il est sensible, parce
qu'il tombe sous les sens.
D. Expliquez cela par un exemple.
R. Dans le Baptême, ce qui tombe sous nos
sens, c'est l'eau qui lave l'enfant, & cette eau
signifie la grace qui lave son ame du péché
originel.
D. Comment est-ce que les Sacremens nous
sanctifient ?
R. Les uns, sçavoir, le Baptême & la Pénitence,
donnent la grace sanctifiante qu'on n'avoit
pas auparavant : les autres comme la Confirmation, &c. augmentent celle qu'on avoit
déja reçuë.
D. Comment est-ce que les Sacremens donnent
ou augmentent la grace ?
R. C'est en nous appliquant les mérites de la
mort de Jesus-Christ.

D. Tous

D. Tous ceux qui reçoivent les Sacremens, reçoivent-ils la grace ?

R. Non, ceux qui n'ont pas les dispositions nécessaires, ne reçoivent pas la grace du Sacrement.

D. Est-ce un grand péché de recevoir les Sacremens sans les dispositions nécessaires ?

R. Oüi, c'est un grand péché qu'on appelle sacrilege.

D. Qu'entendez-vous par un *Sacrilege* ?

R. J'entends la profanation d'une chose sainte.

D. Peut-on recevoir chaque Sacrement plusieurs fois ?

R. Oüi, excepté le Baptême, la Confirmation & l'Ordre, qu'on ne peut recevoir qu'une fois.

D. Pourquoi ne peut-on recevoir ceux-ci qu'une fois ?   R. C'est qu'ils impriment caractere.

D. Qu'est-ce que *Caractere ?*

R. C'est une marque spirituelle imprimée dans l'ame, qui nous consacre à Dieu d'une maniere particuliere, & qui ne peut être effacée.

D. L'aspersion de l'Eau-benite est-elle un Sacrement ?

R. Non, c'est une simple cérémonie, par laquelle l'Eglise nous enseigne la pureté de conscience avec laquelle il faut prier.

D. Quel autre fruit tire-t'on de l'Eau-benite, ou du Pain-beni ?

R. Ceux qui s'en servent avec dévotion, ont part aux prieres que l'Eglise fait en les benissant.

Punition des Philistins pour avoir emporté l'Arche.
1. Liv. des Rois, chap. 51.

PRATIQUES. 1. Ne point souffrir qu'on plaisante sur les Sacremens, ou qu'on contrefasse d'une maniere indécente leurs cérémonies.

2. Etendre notre respect sur les choses que l'Eglise benit, par rapport aux Sacremens, comme l'Eau-benite, le Pain-beni, les Vases & Ornemens sacrez.

3. Respecter les Prêtres & les Religieux, comme les Mi-

niſtres des Sacremens, n'en point dire de mal, inter-
prêter en bonne part leurs actions, les ſecourir dans
leur pauvreté.

XXVI. Du Baptême.

D. QU'eſt-ce que le Baptême ?
R. Q C'eſt un Sacrement qui efface le péché originel, & nous fait enfans de Dieu & de l'Egliſe.
D. Comment donne-t'on le Baptême ?
R. On verſe de l'eau naturelle ſur la tête de celui
qu'on baptiſe, en diſant : *Je vous baptiſe au*
Nom du Pere, & du Fils, & du ſaint-Eſprit.
D. Pourquoi dites-vous qu'on verſe de *l'eau na-*
turelle ?
R. C'eſt qu'on ne doit baptiſer qu'avec de l'eau
naturelle, comme de puits, de riviere, de
pluye, &c. & ſi on baptiſoit avec de l'eau-roſe,
du vin ou d'autres liqueurs, le Baptême ne
ſeroit pas bon.
D. Faut-il que cette eau ſoit benite ?
R. Dans un danger preſſant on peut ſe ſervir de
l'eau qui ne ſoit pas benite.
D. Sur quelle partie du corps doit-on verſer l'eau
pour baptiſer ?
R. Ordinairement ſur la tête, ou ſi on ne peut,
il faut la verſer ſur une des plus notables parties du corps.
D. Si l'eau ne touchoit que la ſuperficie des che-
veux, ou les habits, le Baptême ſeroit-il bon ?
R. Non, il ne ſeroit pas bon.
D. En quel tems faut-il dire ces paroles, *Je vous*
baptiſe, au Nom du Pere, & du Fils, & du
ſaint-Eſprit ?
R. En même tems que l'on verſe l'eau en forme
de Croix.
D. Quelle intention faut-il avoir en baptiſant ?
R. Il faut avoir intention de faire ce que fait l'E-
gliſe.

D. Toute perfonne peut-elle baptifer ?

R. Il n'appartient qu'à l'Evêque & au Curé de le faire, mais en cas de néceffité, toute perfonne peut baptifer.

D. Le Baptême eft-il néceffaire au falut ?

R. Il eft fi néceffaire que les enfans ne peuvent être fauvez fans le recevoir.

D. Les enfans qui meurent fans Baptême ne vont donc pas en Paradis ?

R. Non, ils ne verront jamais Dieu pendant l'éternité.

D. Le Baptême ne peut-il pas être fuppléé, quand on ne peut le recevoir ?

R. Oüi, dans ce cas il peut être fuppléé par le martyre, ou par un acte de charité avec le defir d'être baptifé.

Naaman gueri de la Lépre. 4. Liv. des Rois, ch. 5.

PRATIQUES. 1. Procurer que les enfans, dès qu'ils font nez, foient portez à l'Eglife pour être baptifez, à caufe du péril qu'il y a de differer. Avertir ceux qui different fans raifon & fans permiffion, qu'ils font un grand péché.

2. S'inftruire exactement de la maniere dont on doit donner le Baptême, afin de le pouvoir donner en cas de néceffité.

XXVII. Suite du Baptême.

D. QUels font les effets du Baptême en nous?

R. Q 1. Il efface le péché.

2. Il donne la vie fpirituelle.

3. Il fait enfans de Dieu & de l'Eglife.

4. Il imprime un caractere qui ne fe perd point.

D. Quel péché le Baptême efface-t'il ?

R. Il efface le péché originel, & tous les autres péchez qu'on auroit commis avant d'être baptifé.

D. Le Baptême ôte-t'il auffi les effets du péché

originel, comme l'ignorance, la concupiscence, la mort & les miseres ?

R. Non, mais il donne des graces pour les vaincre, ou les supporter.

D. Comment le Baptême donne-t'il la vie spirituelle ?

R. En ce qu'il donne la grace sanctifiante, qui est la vie de notre ame.

D. Comment le Baptême nous fait-il enfans de Dieu ?

R. C'est qu'en vertu de cette vie spirituelle que donne le Baptême, Dieu nous aime comme ses enfans, & il nous donne droit à son héritage du Ciel.

D. Comment le Baptême nous fait-il enfans de l'Eglise ?

R. En nous donnant droit de participer à ses biens spirituels, à ses Sacremens & à ses prieres.

D. Celui qui reçoit le Baptême fait-il à Dieu quelques promesses ?

R. Oüi, 1. De croire tous les Mysteres de notre Foi. 2. De renoncer au démon, à ses pompes, & à ses œuvres.

D. Qu'est-ce que les *pompes* du démon ?

R. Ce sont les maximes & les vanitez du monde.

D. Qu'est-ce que les *œuvres* du démon ?

R. C'est le péché.

D. Mais les enfans ne font pas ces promesses, puisqu'ils n'ont pas l'usage de raison.

R. Le Parrein & la Marreine les font pour eux.

D. A quoi sont obligez les Parreins & les Marreines ?

R. A veiller, au défaut des Peres & Meres, à l'instruction de ceux qu'ils ont presentez au Baptême.

D. Combien faut-il de péchez mortels pour perdre la grace du Baptême ?

R. Il n'en faut qu'un seul.

Sortie d'Egypte, & passage de la Mer rouge, figure du Baptême. Exod. chap. 13. & 14.

PRATIQUES. 1. Ceux qui ont conservé la grace du Baptême, devroient demander chaque jour à Dieu de mourir plutot que de la perdre.

2. Se faire une fête particuliere du jour auquel on a été baptisé, communier ce jour là, ou le Dimanche suivant, faire quelque autre bonne œuvre pour remercier Dieu de la grace qu'on a reçuë en ce jour.

3. Se mettre quelquefois à genoux auprès des Fonts Baptismaux, pour y renouveller les promesses qu'on a faites à Dieu dans son Baptême.

XXVIII. De la Confirmation.

D. QU'est-ce que la Confirmation ?

R. C'est un Sacrement qui nous donne le saint-Esprit avec l'abondance de ses graces.

D. Pourquoi le saint-Esprit nous est-il donné dans la Confirmation ?

R. Pour nous rendre parfaits Chrétiens, & nous faire confesser la Foi de Jesus-Christ, même au péril de notre vie.

D. Comment ce Sacrement nous rend-il parfaits Chrétiens ?

R. En nous rendant forts & courageux dans la Foi.

D. Est-ce pour cela qu'il est appellé *Confirmation ?*

R. Oüi, parce qu'il nous confirme & nous affermit dans la profession de la Foi.

D. La Confirmation est-elle absolument nécessaire pour être sauvé ?

R. Non, mais ceux qui la négligent, offensent Dieu, & se privent des graces que donne ce Sacrement.

D. Peut-on le recevoir plusieurs fois ?

R. Non, parce qu'il imprime caractere.

D. Dans quelles dispositions faut-il le recevoir ?

R. Il faut, 1. Etre instruit des principaux Mysteres de la Foi.

2. Avoir la conscience nette de tous péchez, au
moins de péchez mortels.

3. Produire des Actes de Foi, d'amour de Dieu,
de desirs, & autres convenables à la grandeur
de ce Sacrement.

D. Celui qui le recevroit en péché mortel, feroit-
il grand mal ?

R. Oüi, il commettroit un sacrilége, & ne recevroit pas le saint-Esprit.

D. Quelles sont les obligations de celui qui a
reçû la Confirmation ?

R. C'est de ne point rougir de professer la Foi de
Jesus-Christ, ni de suivre les maximes de son
Evangile.

Descente du saint-Esprit sur les Apôtres,
Actes des Apôtres, chap. 2.

PRATIQUES. 1. Quand on entend les libertins qui parlent contre la Foi & la Religion, leur imposer silence,
ou quitter leur compagnie ; & si on ne peut, produire
intérieurement un Acte de Foi.

2. Si la pratique de la vertu nous attire quelque raillerie
ou quelque dommage, les regarder comme un grand
honneur, & en remercier Dieu.

3. Se déclarer hautement pour la pieté, ne point rougir de
fréquenter les Sacremens, ou de faire de bonnes œuvres.

XXIX.　De l'Eucharistie.

D. QU'est-ce que l'Eucharistie ?

R. C'est un Sacrement qui contient le Corps,
le Sang, l'Ame & la Divinité de Jesus-Christ,
sous les especes ou apparences du pain & du vin.

D. Où se fait le Sacrement d'Eucharistie ?

R. Dans la sainte Messe que le Prêtre célébre.

D. Ce qu'on met d'abord sur l'Autel pour la célébration de la Messe, n'est-ce pas du pain & du vin ?

R. Oüi, c'est toujours du pain & du vin, jusqu'à ce que le Prêtre prononce les paroles de la consécration.

D. Qu'arrive-t'il par ces paroles ?

R. Le pain est changé au Corps de Jesus-Christ, & le vin en son Sang.

D. Le croyez-vous bien fermement ?

R. Oüi, & aussi fermement que si je le voyois de mes yeux, parce que Jesus-Christ l'a dit.

D. Comment appelle-t'on ce changement ?

R. On l'appelle *transubstantiation*, c'est-à-dire, changement d'une substance en une autre.

D. Ne reste-t'il rien du pain & du vin après la consécration ?

R. Il n'en reste que les especes ou apparences.

D. Qu'entendez-vous par les *especes* ou *apparences* ?

R. J'entens ce qui paroit à nos sens, comme la figure, la couleur & le goût.

D. N'y a-t'il que le Corps de Jesus-Christ sous les especes du pain ?

R. Il y a aussi son Sang, son Ame, sa Divinité, en un mot toute la Personne de Jesus-Christ.

D. Et sous les especes du vin ?

R. Jesus-Christ y est aussi tout entier.

D. Quand le Prêtre rompt l'Hostie consacrée, rompt-il aussi le Corps de Jesus-Christ ?

R. Non, Jesus-Christ est sous les especes d'une maniere indivisible.

D. Quand l'Hostie est partagée, sous quelle partie est Jesus-Christ ?

R. Il est tout entier en chaque partie.

D. Celui qui ne reçoit qu'une partie de l'Hostie, ou qui ne reçoit qu'une espece, reçoit-il Jesus-Christ tout entier ?

E iiij

R. Oüi, parce que Jefus-Chrift eft tout entier
  en chaque efpece, & fous chaque partie des
  efpeces.

D. Jefus-Chrift quitte-t'il le Ciel pour venir dans
  l'Euchariftie ?

R. Non, il eft tout-à-la fois au Ciel & fous chacune des Hofties confacrées dans tout le monde.

D. Comment tout cela fe peut-il faire ?

R. C'eft par la Toute-Puiffance de Dieu qui peut
  tout ce qu'il veut.

La Manne donnée aux Juifs. Exod. ch. 16.

PRATIQUES. 1. Ne paroître dans l'Eglife qu'avec un
  profond refpect. s'y tenir à genoux à terre, n'y parler
  que par néceffité, & tout bas, empêcher fi on le peut,
  que d'autres manquent au refpect dû à ce faint lieu.

2. Procurer que les Eglifes & les Autels foient parez avec
  propreté ; y contribuer de fes foins, de fon travail &
  de fon bien.

3. Accompagner le S. Sacrement, quand on le porte aux
  malades

4. Se faire honneur de balayer l'Eglife, de fervir la Meffe,
  raccommoder les ornemens, & de rendre d'autres fervices à Jefus Chrift dans le S. Sacrement.

XXX. De la Communion.

D. QU'eft-ce que communier ?

R. C'eft recevoir le Sacrement d'Euchariftie.

D. Devons-nous defirer de communier fouvent?

R. Oüi, à caufe des grands effets que la Communion produit en nous.

D. Quels font les effets de la Communion ?

R. 1. Elle nous unit intimement à Jefus-Chrift
  qui devient réellement notre nourriture.

2. Elle augmente en nous la vie fpirituelle de la
  grace.

3. Elle modere la violence de nos paffions, &
  affoiblit la concupifcence.

4. Elle est un gage de la vie éternelle, & de la resurrection glorieuse.

D. La sainte Eucharistie fait-elle ces effets dans tous ceux qui communient ?

R. Non, il y en a qui attirent sur eux la malédiction de Dieu par leurs Communions.

D. Qui sont-ils ?

R. Ceux qui communient indignement.

D. Qu'est-ce que communier indignement ?

R. C'est communier avec la conscience souillée d'un péché mortel.

D. Est-ce un grand péché de communier ainsi ?

R. Oüi, c'est profaner le Corps & le Sang de Jesus-Christ.

D. Ceux-là reçoivent-ils le Corps de Jesus-Christ?

R. Oüi, mais c'est pour leur condamnation.

D. Comment évite-t'on un si grand crime ?

R. En purifiant sa conscience par une bonne Confession avant de communier.

D. Quelle autre préparation faut-il pour bien communier ?

R. Il faut être à jeun, c'est-à-dire, n'avoir ni bû ni mangé depuis minuit.

D. Dans quels sentimens doit-on approcher de la Communion ?

R. Avec une grande dévotion, un amour fervent pour Jesus-Christ & une profonde humilité.

D. En quel tems est-on plus étroitement obligé de communier ?

R. A Pâques, & lorsqu'on est en danger de mort.

Trahison de Judas, sa Communion, & sa mort.
S. Matthieu, chap. 26. & 27.

PRATIQUES. 1. Communier le plus souvent qu'on peut, & au moins une fois au commencement de chaque mois.

2. Deux ou trois jours avant celui de la Communion, s'y

préparer par des prieres plus ferventes, & des bonnes œuvres.

3· Paſſer le jour de ſa Communion dans la retraite, les œuvres de pieté, l'oraiſon ou la lecture des bons livres·

4. Quand on eſt malade avec danger, demander de bonne heure la ſainte Communion, ſans attendre qu'on ſoit à l'extrémité, & procurer que nos parens & nos amis faſſent de même.

XXXI. De l'Euchariſtie comme Sacrifice, ou du Sacrifice de la Meſſe.

D. POurquoi dit-on que l'Euchariſtie eſt un Sacrifice ?

R. Parce que dans l'Euchariſtie Jeſus-Chriſt s'offre à Dieu ſon pere, comme victime pour nous.

D. Où eſt-ce que Jeſus-Chriſt s'offre ainſi à Dieu ſon Pere.

R. C'eſt dans la ſainte Meſſe, c'eſt pour cela qu'on l'appelle *le Sacrifice de la Meſſe.*

D. Pourquoi Jeſus-Chriſt a-t'il inſtitué ce Sacrifice ?

R. C'eſt pour continuer parmi nous le Sacrifice qu'il a offert ſur la Croix.

D. Eſt-ce que Jeſus-Chriſt a offert un ſacrifice ſur la Croix ?

R. Oüi, en mourant ſur la Croix, il s'eſt offert à Dieu ſon pere pour nous.

D. Et que fait-il dans la ſainte Meſſe ?

R. Il continuë la même offrande & le même Sacrifice.

D. Le Sacrifice de la Meſſe eſt donc le même que celui de la Croix ?

R. Oüi, puiſque c'eſt toujours la même victime qui s'offre à Dieu pour nous : il n'y a de diffe-rence que dans la maniere dont elle s'offre.

D. Quelle eſt cette difference ?

R. Sur la Croix, Jeſus-Chriſt s'eſt offert lui-

même à Dieu ; à la Messe, il s'offre par le mi-
nistere des Prêtres, & il nous y réprésente
sous les especes du pain & du vin, son sang
répandu pour nous sur la Croix.

D. Comment se fait cette réprésentation ?

R. En ce que le Corps & le Sang de Jesus-Christ
étant comme separez sous des especes differentes, elle nous réprésentent le sang de Jesus-Christ séparé de son Corps dans sa mort,
& répandu pour notre salut.

D. Comment faut-il assister à la sainte Messe ?

R. Avec modestie & dévotion.

D. Quelles fautes y commet-on plus ordinairement ?

R. Les voici : Causer pendant la Messe, être dans
une posture peu respectueuse, être sans attention.

D. De quoi faut-il principalement s'occuper
pendant la Messe ?

R. Il faut offrir Jesus-Christ à la sainte Trinité,
dans les intentions pour lesquelles il s'offre
lui-même.

D. Quelles sont ces intentions ?

R. Les voici : 1. Adorer Dieu. 2. Appaiser sa colere. 3. Demander ses graces. 4. Le remercier
de tous ses bienfaits.

D. De quoi peut-on s'occuper encore ?

R. De la Passion & de la mort de Jesus-Christ ;
le contempler comme si on étoit sur le Calvaire, & s'attendrir au souvenir de ce qu'il a
souffert pour notre amour.

D. N'offre-t'on pas le Sacrifice de la Messe à la
sainte Vierge, & aux Saints ?

R. Non, le Sacrifice ne s'offre qu'à Dieu ; mais
on y fait memoire des Saints pour remercier
Dieu des graces qu'il leur a faites, & pour
joindre leur intercession à nos prieres.

D. Pour qui peut-on offrir le Sacrifice de la Messe ?

R. Pour la sanctification des Fideles vivans sur la terre, & pour le soulagement de ceux qui sont en Purgatoire.

Derniere Cene de Jesus-Christ. Lavement des pieds. Institution de l'Eucharistie. S. Matthieu, 26. S. Jean, 13.

PRATIQUES. 1. Entendre la Messe chaque jour, & choisir les lieux & les tems où on peut l'entendre avec plus de recüeillement.

2. Se faire instruire de la maniere d'entendre la sainte Messe avec fruit & attention aux Mysteres de la mort de Jesus-Christ.

3. La Messe étant finie, se mettre à genoux pour remercier Dieu & former quelque resolution pour le bien servir pendant la journée.

4. Ne jamais se plaindre de la longueur des Messes ou de l'Office divin, encore moins rechercher les Messes courtes, ou faire reproche aux Prêtres qu'on trouve trop longs.

XXXII. De la Pénitence.

D. QU'est-ce que la Pénitence ?

R. C'est un Sacrement qui remet les péchez commis après le Baptême.

D. Comment nomme-t'on encore ce Sacrement?

R. On l'appelle la *Confession*, parce qu'on y confesse ses péchez, pour en recevoir l'absolution.

D. Quelles sont les parties du Sacrement de Pénitence ?

R. Il y en a trois, la Contrition, la Confession, la Satisfaction.

D. Quels sont les effets du Sacrement de Pénitence ?

R. Il y en a deux, dont le premier est d'effacer les péchez actuels.

D. Peut-il remettre toute sorte de péchez ?

R. Oüi, sans en excepter aucun quelque énorme qu'il soit.

D. Qu'entend-on par *la coulpe* & *la peine* du péché ?

R. Par *la coulpe* on entend la tache que le péché fait à notre ame ; & par *la peine*, la punition que le péché mérite.

D. Le Sacrement de Pénitence remet-il la coulpe & la peine du péché ?

R. Il le remet quant à la coulpe, en nous réconciliant avec Dieu.

D. Et quant à la peine ?

R. Il change la peine éternelle duë au péché, en une peine temporelle.

D. Comment obtient-on la remise de cette peine temporelle ?

R. On l'obtient par la ferveur de la charité, les œuvres de Pénitence & les Indulgences.

D. Quel est le second effet du Sacrement de Pénitence ?

R. C'est de nous réconcilier avec Dieu, en nous donnant la grace sanctifiante.

D. Quel effet produit cette réconciliation ?

R. 1. Elle rend le droit au Paradis qu'on avoit perdu par le péché.

2. Elle donne des forces contre les tentations.

3. Elle fait revivre le mérite des bonnes œuvres passées.

D. Comment peut-elle faire revivre ce mérite des bonnes œuvres ?

R. L'ame ayant perdu ce mérite par le péché, Dieu par sa bonté le rend dans le Sacrement de Pénitence.

D. Tous ceux qui vont à confesse, reçoivent-ils tous ces effets ?

R. Non, il n'y a que ceux qui apportent à ce Sacrement les dispositions convenables.

Pénitence des Ninivites. Liv. de Jonas, ch. 3.

PRATIQUES. 1. Choisir un Confesseur pieux & éclairé qui ne nous flatte point dans nos défauts.

2. Se confesser toujours autant qu'on le peut, au même Confesseur, afin qu'il juge mieux si nous avançons dans la pieté.

3. Si on a raison de douter sur ses Confessions passées, les réparer par une Confession générale.

XXXIII. De la Contrition.

D. QU'est-ce que la Contrition ?

R. C'est une douleur & un regret d'avoir offensé Dieu, avec résolution de ne le plus offenser.

D. Combien y a-t'il de sortes de Contritions ?

R. De deux sortes, la Contrition parfaite, & la Contrition imparfaite, qu'on appelle Attrition.

D. Qu'est-ce que la Contrition parfaite ?

R. C'est une douleur d'avoir offensé Dieu, parce qu'il est souverainement bon & infiniment aimable.

D. Quel est son effet ?

R. C'est de réconcilier d'abord avec Dieu le pécheur qui a un ferme propos de recevoir le Sacrement de Pénitence.

D. Qu'est-ce que la Contrition imparfaite, ou l'Attrition ?

R. C'est celle qui est conçuë communément par la consideration de la laideur du péché, ou par la crainte de la damnation éternelle.

D. Quel est son effet ?

R. C'est de disposer le pécheur à recevoir la grace de Dieu dans le Sacrement de Pénitence.

D. Dans quelle disposition doit être le pécheur pour recevoir l'absolution ?

R. Il faut qu'il espere en la miséricorde de Dieu, qu'il ait la volonté de ne plus pécher, & qu'il soit disposé à préferer Dieu & sa Loi à toutes les choses du monde, & par conséquent qu'il l'aime.

D. La Contrition est-elle bien nécessaire pour recevoir l'absolution ?

R. Elle est si nécessaire que sans contrition on ne peut jamais recevoir le pardon de ses péchez.

D. Dans quel tems faut-il produire des Actes de Contrition pour se confesser ?

R. Il faut les produire dans l'examen de conscience, s'y exciter encore davantage immédiatement avant la Confession, & lorsque le Prêtre donne l'absolution.

D. Par quels moyens pouvons-nous avoir une bonne Contrition ?

R. 1. En la demandant à Dieu avec ferveur.

2. En réfléchissant sur les motifs propres à l'exciter en nous.

D. Quels sont ces motifs ?

R. 1. La bonté infinie de Dieu que nous avons offensé.

2. Les bienfaits de Dieu envers nous, & notre ingratitude.

3. La Passion de Jesus-Christ dont nos péchez sont la cause.

4. L'Enfer que nous avons mérité, & le Paradis que nous avons perdu.

D. Faites un Acte de Contrition.

R. *Mon Dieu, j'ai un extrème regret de vous avoir offensé, parce que vous êtes infiniment bon, & infiniment aimable, & que le péché vous déplait : pardonnez-moi par les mérites de Jesus-Christ : je me propose, moyennant votre grace, de ne plus vous offenser, & de me confesser au plûtôt.*

Histoire du Pardon accordé à la Pécheresse,
S. Jean, ch. 8.

PRATIQUES 1. Quelques jours avant d'aller à Con‑
feſſe, demander à Dieu qu'il nous donne une vray^e
Contrition.

2. Pour ſe faciliter l'exercice des Actes de Contrition, en
produire chaque jour le matin & le ſoir.

3. Faire chaque année une revuë ou Confeſſion extraor‑
dinaire de tous les péchez commis depuis un an, pour
s'exciter à une plus vive Contrition, à la vûë de la
multitude de ſes péchez.

XXXIV.　Suite de la Contrition.

D. QUelles conditions doit avoir une bonne
Contrition ?

R. Il faut qu'elle ſoit, 1. Surnaturelle. 2. Inté‑
rieure. 3. Univerſelle, & 4. Souveraine.

D. Ces conditions ſont‑elles communes à la
Contrition parfaite & à l'Attrition ?

R. Oüi, ſans ces conditions ni l'une ni l'autre ne
ſeroit ſuffiſante.

D. Qu'entendez‑vous par une Contrition *ſurna‑
turelle ?*

R. C'eſt‑à‑dire, que la Contrition doit être exci‑
tée en nous par un mouvement du ſaint‑Eſ‑
prit, & non pas ſeulement par un mouvement
de la nature.

D. Celui qui auroit regret de ſes péchez, à cauſe
qu'ils lui auroient fait perdre ſon bien, ou ſa
ſanté, ou ſon honneur, auroit‑il une bonne
Contrition ?

R. Non, parce que ſa Contrition ne ſeroit qu'u‑
ne douleur naturelle.

D. Qu'entendez‑vous par une Contrition *inté‑
rieure ?*

R. J'entens qu'il faut avoir la Contrition dans
le

le cœur, & ne fe pas contenter d'en faire un Acte du bout des lêvres.

D. Celui qui récite un Acte de Contrition, a-t'il toujours une bonne Contrition ?

R. Non, parce que fi fon cœur n'eft pas affligé d'avoir offenfé Dieu, fa Contrition n'eft pas intérieure.

D. Qu'entendez-vous par une Contrition *univerfelle ?*

R. J'entens qu'elle doit s'étendre fur tous les péchez qu'on a commis, & particulierement fur les mortels.

D. Si on avoit regret de tous fes péchez, hors d'un feul péché mortel, auroit-on une bonne Contrition ?

R. Non, parce que la Contrition ne feroit pas univerfelle.

D. Qu'entendez-vous par une Contrition *fouveraine ?*

R. J'entens qu'il faut être plus fâché d'avoir offenfé Dieu, que de tous les maux qui pourroient nous arriver.

D. Doit-on être plus fâché d'avoir offenfé Dieu, que d'avoir perdu fon bien, fes parens, ou ce qu'on a de plus cher au monde ?

R. Oüi, parce que le péché eft le plus grand de tous les maux.

Fauffe pénitence d'Antiochus, & fa réprobation.
Liv. 1. des Machab. ch. 6. Liv. 2. ch. 9.

PRATIQUES. 1. Eprouver la fincérité de fa contrition par la féparation & la privation des chofes qui nous peuvent être occafion de péché.

2. L'éprouver encore par la privation des plaifirs & des commoditez légitimes & permifes, & en efprit de pénitence.

3. Faire quelques aumônes au tems de fa confeffion, pour obtenir de Dieu une bonne contrition.

4. Avant que de se presenter à confesse, réparer ses fautes, si on le peut ; par exemple, restituant, si on y est obligé, & se réconciliant avec ses ennemis, si on en a.

***

XXXV.   De la Confession.

D. QU'est-ce que la Confession ?

R. C'est la déclaration qu'on fait de ses péchez au Prêtre.

D. Quelles conditions doit avoir cette déclaration ?

R. Elle doit être humble, sincere, & entiere.

D. Qu'est-ce à dire que la Confession soit *humble?*

R. C'est-à-dire qu'il faut déclarer ses péchez avec une grande confusion d'avoir offensé Dieu.

D. Qu'est-ce à dire que la Confession soit *sincere?*

R. C'est-à-dire qu'il ne faut ni exagérer ni excuser ses péchez.

D. Qu'est-ce à dire que la Confession soit *entiere?*

R. C'est-à-dire, quelle doit être du moins de tous les péchez mortels qu'on a commis, sans en excepter aucun.

D. Celui qui cacheroit volontairement un seul péché mortel, feroit-il une bonne Confession ?

R. Non, il feroit un horrible sacrilege, quand même il accuseroit tous ses autres péchez.

D. A quoi seroit-il obligé ?

R. A recommencer sa Confession, & à accuser en particulier le crime qu'il a commis en cachant son péché.

D. Est-ce assez de déclarer les differentes sortes de péchez mortels qu'on a commis ?

R. Non, il faut de plus en dire le nombre autant qu'on le peut, & les circonstances considerables.

D. Donnez-nous un exemple.

R. Si on a dérobé, il ne suffit pas de dire qu'on l'a fait, il faut dire combien de fois, si la som-

me eſt conſiderable, & ſi c'eſt une choſe ſacrée
qu'on ait priſe.

D. Que faut-il faire pour déclarer exactement
tous ſes péchez ?

R. Il faut examiner ſa conſcience avant la Confeſſion.

D. Sur quoi faut-il s'examiner ?

R. Sur les Commandemens de Dieu & de l'Egliſe, ſur les ſept péchez capitaux, ſur les devoirs
de ſon état, ſur les perſonnes qu'on a fréquen-
tées, & les lieux où on a été.

D. Eſt-il néceſſaire d'examiner ſa conſcience
avant la Confeſſion ?

R. Oüi, parce que ſi on oublioit à Confeſſe un
péché mortel, faute de s'être examiné, la
Confeſſion ne ſeroit pas fuffiſante.

D. Eſt-il néceſſaire d'accuſer les péchez véniels ?

R. Cela n'eſt pas abſolument néceſſaire, mais
cela eſt fort utile, pourvû qu'on le faſſe avec
contrition.

Crime de Saül, & ſa fauſſe pénitence. 1. Liv. des
Rois, chap. 15.

PRATIQUES. 1. Faire tous les ſoirs l'examen de ſa
conſcience ſur les fautes commiſes pendant le jour.
2. Ne cacher aucun péché même véniel à Confeſſe, ſur-
tout quand on ſent quelque petit doute à ce ſujet.
3 Commencer ſon accuſation par les péchez qu'on a plus
de peine à déclarer.

XXXVI. De la Satisfaction.

D. QU'eſt-ce que la Satisfaction ?
R. C'eſt une réparation qu'on doit à Dieu
& au prochain pour l'injure qu'on lui a faite.
D. Pour faire une bonne Confeſſion, eſt-il néceſſaire d'être réſolu de ſatisfaire à Dieu & à
ſon prochain ?

R. Cela est si nécessaire, que sans cette résolution on ne reçoit point l'absolution de ses péchez.

D. Est-on encore obligé de satisfaire à Dieu, après que le péché est pardonné ?

R. Oüi, car la peine éternelle est alors changée en une peine temporelle, qu'il faut souffrir en cette vie ou en l'autre.

D. Comment satisfaisons-nous à Dieu pour cette peine temporelle ?

R. En accomplissant des œuvres de pénitence avec la grace de Jesus-Christ, par qui seul nous pouvons mériter & satisfaire.

D. Quelles sont ces œuvres de pénitence, par lesquelles nous satisfaisons à Dieu ?

R. Ce sont principalement celles qui nous sont imposées par le Confesseur.

D. Est-on obligé d'accomplir la pénitence que le Confesseur impose ?

R. Oüi, on y est obligé sous peine de péché.

D. Un véritable pénitent, & qui veut sincérement expier ses péchez, se contente-t'il de la pénitence imposée par le Confesseur ?

R. Non, il fait pénitence tous les jours de sa vie.

D. Est-ce assez de satisfaire à Dieu ?

R. Non, il faut encore satisfaire à son prochain, si on l'a offensé.

D. Comment satisfait-on au prochain ?

R. En réparant le tort qu'on lui a fait dans sa personne, ses biens, ou son honneur.

D. Expliquez cela plus particulierement.

R. Il faut pour cela, 1. Dédommager son prochain du tort qu'on lui a causé dans ses biens.

2. Réparer sa réputation, si on l'a blessée.

3. Lui demander pardon, si on l'a insulté.

4. Se réconcilier avec ses ennemis.

5. Réparer le scandale qu'on a donné.

*Achab qui prend la vigne de Naboth, & sa fausse
pénitence.* 3. Liv. des Rois, chap. 21.

PRATIQUES. 1. Ne point disputer avec son Confesseur
sur les pénitences qu'il impose, les accepter sans resis-
tance, si on peut les accomplir.

2. A chaque Confession ajouter quelque pratique de mortification à la pénitence imposée par son Confesseur.

3. Lorsqu'on accomplit sa pénitence, l'offrir à Dieu en
union de celle que Jesus-Christ a fait pour nos péchez.
On peut dire à cette fin :

*Mon Dieu, je vous offre avec la pénitence que je
vais faire, tout ce que Jesus-Christ mon Sauveur
a souffert pour mes péchez pendant sa vie mortelle.*

XXXVII. Suite de la Satisfaction & des bonnes œuvres.

D. SOmmes-nous obligez de faire pénitence
toute notre vie ?

R. Oüi ; si nous ne faisons pénitence, nous ne
serons point sauvez.

D. En quoi consiste cette pénitence que Dieu
veut que nous fassions ?

R. 1. Accepter avec soumission les afflictions qui
nous arrivent par la permission de Dieu.

2. A faire de bonnes œuvres, qu'on appelle œuvres satisfactoires.

D. Quelles sont ces œuvres satisfactoires ?

R. Les voici : le Jeûne, la Priere & l'Aumône.

D. Pourquoi appelle-t'on ces œuvres satisfactoires ?

R. Parce qu'elles servent à satisfaire à Dieu pour
nos péchez.

D. Qu'entend-on par le *Jeûne* ?

R. On entend non-seulement l'abstinence des
viandes, mais encore toutes les mortifications
qui affligent notre corps & nos sens.

D. Dans quel tems est-on obligé plus particulierement au jeûne & à la pratique de la mortification ?

R. Quand l'Eglise nous l'ordonne, & que cela
est nécessaire pour vaincre nos passions.

D. Qu'entend-on par la *Priere ?*

R. On entend toutes les œuvres de pieté envers
Dieu.

D. Qu'entend-on par l'*Aumône ?*

R. On entend toutes les œuvres de charité envers le prochain.

D. Quand est-ce qu'on est obligé plus particulierement de faire l'aumône ?

R. Quand nous connoissons la pauvreté de notre
prochain.

D. Celui qui sçait le besoin de son prochain, &
qui ne le secourt pas, fait-il un grand péché ?

R. Oüi, s'il le peut secourir.

D. Ceux qui étant pauvres eux-mêmes, n'ont pas
de quoi faire l'aumône, que doivent-ils faire ?

R. Secourir le prochain selon qu'ils peuvent, en
pratiquant les autres œuvres.

D. Quelles sont les œuvres de miséricorde ?

R. On en distingue de corporelles & de spirituelles.

Les corporelles sont, 1. Donner à manger à ceux
qui ont faim.

2. Donner à boire à ceux qui ont soif.

3. Vêtir les nuds.

4. Loger les pelerins & étrangers.

5. Visiter les malades.

6. Délivrer ou consoler les prisonniers.

7. Ensevelir les morts.

Les spirituelles sont, 1. Enseigner les ignorans.

2. Reprendre ceux qui manquent.

3. Conseiller ceux qui sont en peine.

4. Consoler les affligez.

5. Supporter les défauts & humeurs du prochain.
6. Pardonner les injures.
7. Prier Dieu pour les vivans & les morts, & même pour ses ennemis.

Conversion de Corneille Centurion. chap. 10.
des Actes des Apôtres.

PRATIQUES 1. Quand on a quelque chose à souffrir, l'offrir à Dieu en satisfaction de ses péchez, avoüant qu'on en a merité davantage.

2. Pratiquer chaque jour quelque mortification, soit dans ses repas, soit dans ses plaisirs, soit dans son travail, se privant de quelque commodité pour l'expiation de ses péchez

3. Pratiquer aussi chaque jour quelque œuvre de charité envers le prochain.

4 Partager son revenu, ou le gain de son travail ou de son négoce, & en donner une certaine portion pour soulager les pauvres.

XXXVIII. De l'Extrême-Onction.

D. QU'est-ce que l'Etrême-Onction ?
R. C'est un Sacrement institué pour le soulagement spirituel & corporel des malades.
D. Comment l'Extrême-Onction soulage-t'elle spirituellement les malades ?
R. 1. Elle donne la force contre les tentations du démon & les horreurs de la mort.
2. Elle acheve la rémission des péchez, dont elle purifie les restes.
D. Comment l'Extrême-Onction soulage-t'elle corporellement les malades.
R. 1. Elle donne la patience pour supporter la maladie.
2. Elle rend la santé du corps, s'il est expédient pour le salut du malade.
D. Ne peut-on la recevoir que quand on est à l'extremité ?

R. Il suffit d'être dangereusement malade, il n'est pas même à propos de differer à l'extremité.

D. Pourquoi ne pas differer à l'extrémité ?

R. Parce qu'on se dispose mieux à recevoir ce Sacrement quand on a la raison libre, & d'ailleurs en differant trop, on s'expose à ne le point recevoir du tout.

D. Peut-on recevoir ce Sacrement plusieurs fois en sa vie ?

R. Oüi, autant de fois qu'on retombe en danger de mort.

D. Que faut-il faire alors pour se préparer à recevoir ce Sacrement.

R. Il faut se confesser, si on est en péché mortel.

D. Si le malade ne peut se confesser, que doit-il faire ?

R. Il doit s'exciter à une contrition parfaite, desirer l'absolution, & la demander, s'il peut.

D. Que faut-il faire pendant qu'on reçoit ce Sacrement ?

R. Il faut s'exciter au regret de ses péchez, espérer en la miséricorde de Dieu, & se soumettre absolument à sa sainte volonté.

D. Que doit-on faire quand on est malade ?

R. Il faut 1. Se soumettre à la volonté de Dieu.

2. Offrir à Dieu sa maladie pour l'expiation de ses péchez.

3. Accepter la mort, quand il plaira à Dieu de l'envoyer.

D. Quels péchez commettent plus ordinairement les malades ?

R. 1. L'impatience & la mauvaise humeur.

2. La négligence de recevoir les Sacremens.

3. Le trop grand empressement pour la santé.

4. Trop d'attachement à la vie.

Maladie

Maladie & guérison d'Ezechias. Iſaïe, ch. 38.

PRATIQUES. 1. Prier nos amis de nous avertir quand il y aura du danger dans nos maladies, pour recevoir de bonne heure les Sacremens.

2. Lire quelquefois les Prieres que l'Egliſe a inſtituées pour les Agoniſans.

3. Viſiter les malades, ſur tout les pauvres; les ſervir, les conſoler & les encourager à la patience.

4. Aſſiſter quelquefois à leur agonie, pour apprendre par ce ſpectacle à bien mourir.

XXXIX. De l'Ordre & du Mariage.

D. QU'eſt-ce que l'Ordre?

R. C'eſt un Sacrement qui donne le pouvoir de faire les fonctions Eccléſiaſtiques, & la grace pour les faire dignement.

D. Dans quelle diſpoſition doit-on recevoir ce Sacrement?

R. Il faut être en état de grace, être appellé de Dieu, & ne pas s'ingerer de ſoi-même.

D. Quelle fin doit-on avoir en recevant ce Sacrement?

R. Celle de procurer la gloire de Dieu & le ſalut du prochain.

D. Que dites-vous de celui qui reçoit les Ordres pour avoir des Bénéfices, & pour vivre plus à ſon aiſe?

R. Celui-là eſt très-coupable devant Dieu; & il eſt indigne de recevoir ce Sacrement.

D. Qu'eſt-ce que le Sacrement de Mariage?

R. C'eſt un Sacrement qui ſanctifie l'alliance de l'homme & de la femme.

D. Où doit-on recevoir la Bénédiction du Mariage?

R. Dans ſa Paroiſſe & de ſon propre Curé.

D. En quelle diſpoſition faut-il recevoir ce Sacrement?

G

R. Il faut étre en état de grace, & avoir intention de servir Dieu dans l'état de Mariage.

D. Comment faut-il servir Dieu dans cet état ?

R. Le mari & la femme doivent. 1. Supporter patiemment les défauts & les humeurs l'un de l'autre.

2. S'assister mutuellement dans leurs besoins.

3. Elever chrétiennement leurs enfans.

D. Qu'entendez-vous par élever chrétiennement ses enfans ?

R. J'entens leur inspirer l'amour de Dieu, & l'horreur du péché, prendre soin de leur instruction, & veiller à leur conduite.

D. N'y a-t'il point encore d'autres obligations dans le Mariage ?

R. Oüi, il y en a d'autres importantes, dont il suffit de s'instruire quand on entre dans cet état.

D. Qui sont ceux qui offensent Dieu en se mariant ?

R. Ce sont 1. Ceux qui se marient contre la juste volonté de leurs parens.

2. Ceux qui ont fait vœu de ne se point marier, & n'ont point dispense de leur vœu.

3. Ceux qui n'ont en se mariant que des vuës temporelles.

4. Ceux qui négligent de s'instruire des devoirs de cet état.

D. N'y a-t'il pas un état plus parfait que celui du Mariage ?

R. Oüi, c'est celui de la chasteté.

Election des sept Diacres, & Martyre de S. Etienne,
　　ch. 6. & 7. des Actes des Apôtres.

PRATIQUES. 1. Prier Dieu souvent pour ceux qui sont chargez du salut des ames, comme son Evêque, son Curé, son Confesseur.

2. Dans les Quatre-Tems de l'année, ausquels on consa-

cre les Prêtres, faire à Dieu des prieres particulieres pour leur sanctification.

3. Quand on assiste à la célébration d'un Mariage, n'y paroître qu'avec modestie, & prier Dieu pendant la Messe pour ceux qui reçoivent ce Sacrement.

XL. De la Mort.

D. QU'est-ce que la Mort ?

R. C'est la séparation de l'ame d'avec le corps.

D. Mourrons-nous tous un jour ?

R. Oüi, nous mourrons tous pour porter la peine de nos péchez, & de celui d'Adam notre premier pere.

D. Quand mourrons-nous ?

R. Quand il plaira à Dieu ; mais nous ne sçavons ni le jour ni l'heure.

D. Que devient notre corps à la mort ?

R. On le met en terre où il se corrompt & se réduit en poussiere.

D. Restera-t'il toujours dans cet état ?

R. Non, il ressuscitera au jour du Jugement.

D. Notre ame meurt-elle aussi avec le corps ?

R. Non, elle est immortelle.

D. Qu'est-ce qu'une bonne mort ?

R. C'est celle qui arrive à celui qui est en état de grace.

D. Qu'est-ce que la mauvaise mort ?

R. C'est celle qui arrive à celui qui est en péché mortel.

D. Que devons-nous penser de ces deux sortes de morts ?

R. Nous devons desirer la bonne mort, & craindre extrémement la mauvaise mort.

D. Qui sont ceux qui font une bonne mort ?

R. Ce sont ordinairement ceux qui ont vêcu saintement.

D. Mais ne peut-on pas faire pénitence à la mort?

R. On le peut abfolument avec la grace de Dieu, mais cela eft rare, & l'on ne doit point compter là-deffus.

D. Que doit faire un Chrétien pendant fa vie ?

R. Il doit fe préparer à la mort.

D. Eft-il permis de defirer la mort ?

R. Quand on la defire par impatience ou par colere, c'eft un grand péché ; mais il eft bon de la defirer pour voir Dieu, & pour ne le plus offenfer fur la terre.

D. Eft-il permis de fe donner la mort à foi-même?

R. Non, ce feroit un grand crime, parce que nous ne fommes pas maîtres de notre vie.

Parabole du Riche qui bâtiffoit des greniers.
S. Luc, chap. 12.

PRATIQUES. 1 Demander chaque jour à Dieu la grace d'une bonne mort.

2 Prendre chaque mois un jour pour fe préparer à la mort, fe confeffer & communier ce jour là, comme s'il étoit le dernier de notre vie.

3 Si on a du bien, faire fon teftament pendant qu'on eft en fanté, pour n'avoir point d'inquiétude dans la derniere maladie.

XLI. Du Jugement.

D. QUe deviendra notre ame après la mort ?

R. Elle ira paroître devant Dieu pour en être jugée.

D. Combien y a-t'il de Jugemens ?

R. Il y en a deux, le Jugement particulier, & le Jugement général.

D. Qu'entendez-vous par le *Jugement particulier ?*

R. C'eft celui que Dieu fait de chaque ame immédiatement après la mort.

D. Surquoi les juge-t'il ?

R. Il les juge fur le bien & le mal qu'ils ont fait.

D. Ce Jugement eft-il bien févére ?

R. Oüi, Jefus-Chrift nous apprend qu'on y rend compte, même d'une parole inutile.

D. Que deviennent nos ames après ce Jugement?

R. Dieu les envoye en Paradis, ou en Enfer, ou en Purgatoire felon qu'elles l'ont mérité.

D. Qu'entendez-vous par le *Jugement général* ?

R. C'eft celui qui fe fera publiquement de tous les hommes à la fin du monde.

D. Pourquoi ce Jugement général, puifque chaque ame eft jugée d'abord après fa mort ?

R. C'eft pour manifefter d'une maniere plus fenfible la confufion des pécheurs, la gloire des Saints, & l'autorité de Jefus-Chrift.

D. Qui eft-ce qui fera ce Jugement ?

R. C'eft notre Seigneur Jefus-Chrift.

D. Comment les hommes paroîtront-ils à ce Jugement ?

R. Ils y paroîtront en corps & en ame, parce que leurs Corps reffufciteront avant ce Jugement.

D. Quels feront alors les fentimens des pécheurs?

R. Ils feront dans une horrible confufion lorfqu'ils verront leurs crimes les plus cachez, découverts à la face de toute la terre.

D. Quels feront les fentimens des Saints ?

R. Leur joye fera infinie, lorfque Jefus-Chrift couronnera leurs bonnes œuvres, à la vûë des pécheurs qui les avoient méprifez fur la terre.

Recit de l'appareil du Jugement dernier.
Matth. 24. & 25. Luc. 21. Pfal. 96.

PRATIQUES. 1. Ne fe pardonner aucune faute quelque legere qu'elle foit, comme les fautes d'humeur ou de négligence, & s'en corriger pour prévénir les jugemens de Dieu.

2. Examiner sa conscience chaque jour sur les fautes qu'on y a commis, & en demander pardon à Dieu.

XLII.   De l'Enfer.

D. QU'est-ce que l'Enfer ?

R. Q C'est un lieu de tourmens, où les méchans seront éternellement punis avec les démons.

D. Qui sont ceux qui vont en Enfer ?

R. Ceux qui meurent en péché mortel.

D. Combien faut-il de péchez mortel pour aller en Enfer ?

R. Il n'en faut qu'un seul, si on meurt sans en faire pénitence.

D. Que font les méchans en Enfer ?

R. Ils souffrent, ils se desesperent, ils blasphément contre Dieu.

D. Quelles peines souffrent ils ?

R. La premiere & la plus terrible de leurs peines, est de ne point voir Dieu ; c'est ce qu'on appelle la peine du *dam*.

D. Quelle autre peine souffrent-ils encore ?

R. Ils souffrent toutes sortes de tourmens sensibles, particuliérement d'être brûlez sans cesse.

D. Brûlent-ils maintenant en corps & en ame ?

R. Avant le Jugement général, il n'y a que leur ame, mais après la resurrection, leur corps brûlera aussi avec leur ame.

D. Comment l'ame peut-elle brûler en Enfer ?

R. C'est par la Toute-puissance de Dieu.

D. Pourquoi leurs corps brûleront-ils avec leurs ames ?

R. Parce qu'ayant participé sur la terre à leurs crimes, ils doivent en partager le supplice en Enfer.

D. Combien dureront ces supplices ?

R. Ils dureront éternellement, c'est-à-dire qu'ils
	ne finiront jamais.

D. Les damnez ne peuvent-ils pas esperer quel-
	que soulagement ?

R. Non , il n'y aura jamais aucun soulagement
	pour eux.

D. Comment est-ce que les corps des damnez ne
	seront pas consumez par le feu ?

R. Ils seront conservez dans le feu pendant l'é-
	ternité par la Toute-puissance de Dieu.

Histoire du mauvais Riche. S. Luc, ch. 16.

PRATIQUES. 1. Remercier Dieu souvent de ce qu'il
	ne nous a pas encore livré à l'Enfer ; après l'avoir tant
	de fois merité.

2. Quand on s'approche du feu , songer en sentant la
	chaleur de ce feu materiel, combien le feu de l'Enfer
	doit tourmenter ceux qui y seront éternellement.

XLIII. Du Paradis,

D. QU'est-ce que le Paradis ?

R. C'est un lieu de délices, où voyant Dieu,
	on joüit d'un bonheur éternel.

D. Qui sont ceux qui vont en Paradis ?

R. Ce sont ceux qui n'ont point offensé Dieu,
	ou qui l'ayant offensé, ont fait pénitence.

D. Que font les Saints en Paradis ?

R. Ils joüissent d'un bonheur parfait.

D. Quel est ce bonheur ?

R. Ils voyent Dieu, ils l'aiment, ils ressentent
	une joye inexprimable , ils sont exempts de
	toutes sortes de peines.

D. Les Saints sont-ils en Paradis en corps & en
	ame ?

R. Il n'y a encore que leurs ames , leurs corps
	n'y entreront qu'après la resurrection.

D. Pourquoi leurs corps entreront-ils dans le Ciel ?

R. Pour avoir part à la gloire de leurs ames, comme ils ont eu part sur la terre à leur pénitence & à leurs bonnes œuvres.

D. De quoi se nourriront dans le Ciel les corps des Saints ?

R. Ils n'auront pas besoin de nourriture, parce qu'ils ne seront point sujets aux infirmitez de ce monde.

D. Combien durera le bonheur des Saints dans le Paradis ?

R. Il durera éternellement ; c'est-à-dire, qu'il ne finira jamais.

D. Leur bonheur ne sera-t'il jamais troublé par aucun chagrin, ni perte, ni maladie ?

R. Non, dans toute l'éternité ils ne ressentiront jamais la moindre peine.

D. Qu'est-ce qu'un Chrétien doit désirer plus ardemment ?

R. C'est d'aller en Paradis pour y voir Dieu.

D. Que faut-il faire pour y aller ?

R. Il faut aimer Dieu de tout son cœur & accomplir ses Commandemens.

Transfiguration de Notre Seigneur Jesus-Christ.
S. Matth. chap. 17.

PRATIQUES. 1 Au lieu de s'effrayer de la mort, s'accoutumer à la regarder comme un bonheur qui nous donnera l'entrée du Paradis.

2. Dire quelquefois à Dieu dans le désir de le posseder dans le Ciel, *que votre Royaume arrive* : ou avec un Prophete : *Seigneur, je serai rassasié, quand je verrai votre gloire.*

3. Nous consoler dans nos maladies, & nos chagrins par l'esperance du Paradis, qui terminera bien tôt nos peines.

XLIV. Du Purgatoire & des Indulgences.

D. **T**Outes les ames vont-elles après la mort
en Paradis ou en Enfer ?

R. Il y en a qui vont en Purgatoire.

D. Qu'est-ce que le Purgatoire ?

R. C'est un lieu de peines , où les Justes achevent d'expier leurs péchez, avant que d'entrer en Paradis.

D. Les Peines du Purgatoire sont-elles bien
grandes ?

R. Oüi, & plus grandes que tout ce que nous pouvons imaginer de plus rigoureux sur la terre.

D. Quelle est la plus grande de ces peines ?

R. C'est de ne pas voir Dieu.

D. Demeure-t'on long-tems en Purgatoire ?

R. On y demeure jusqu'à ce que la justice de
Dieu soit satisfaite.

D. Pouvons-nous soulager les ames qui sont en
Purgatoire ?

R. Oüi, nous le pouvons par nos bonnes œuvres, nos prieres , & principalement par le
Sacrifice de la Messe.

D. Que faut-il faire pour éviter d'aller en Purgatoire ?

R. Il faut expier nos péchez en cette vie par la
ferveur de notre amour pour Dieu, & par nos
bonnes œuvres.

D. Quels moyens avons-nous encore ?

R. Nous le pouvons encore par le moyen des
Indulgences.

D. Qu'est-ce que les Indulgences ?

R. Ce sont des graces que l'Eglise accorde aux
Fideles , pour la rémission des peines temporelles dües à leurs péchez.

D. Par qui ces graces sont-elles accordées ?

R. Par le Pape & par les Evêques.

D. Que faut-il faire pour gagner les Indulgences?

R. Il faut être véritablement pénitent de tous ses péchez, & accomplir fidellement les conditions prescrites par celui qui accorde l'Indulgence.

D. Quand on a gagné des Indulgences, peut-on se dispenser de faire pénitence ?

R. Non, nous devons faire pénitence toute notre vie.

Vanité de David, sa punition & sa pénitence.
1. des Paralip. chap. 21.

PRATIQUES 1. Soulager les ames du Purgatoire par des prieres, des aumônes, des pratiques de pénitence, & faisant dire des Messes à leur intention.

2. Prier plus particulierement pour nos paréns & nos amis lorsqu'ils sont morts, pour ceux à qui nous avons donné peut-être occasion de pécher en cette vie.

3. Quand on est chargé d'un legs pieux, ou d'une fondation, n'en pas differer l'execution, pour ne pas retarder le soulagement que les ames du Purgatoire peuvent en recevoir.

4. Gagner, autant qu'on le peut, les Indulgences accordées par l'Eglise, executant fidelement & dévotement ce qui est prescrit.

XLV. Des Commandemens de Dieu.

DU PREMIER COMMANDEMENT.

De la Foi.

D. QUe faut-il faire pour être sauvé ?

R. Il faut garder les Commandemens de Dieu & de l'Eglise.

D. Quels sont les Commandemens de Dieu ?

R. Un seul Dieu tu adoreras, &c. *page 6.*

D. A quoi nous oblige le premier Commandement, *Un seul Dieu tu adoreras, & aimeras parfaitement.*

R. Il nous oblige : 1. A croire en Dieu. 2. A eſperer en lui. 3. A l'aimer parfaitement. 4. A
l'adorer lui ſeul.

D. Quelle eſt la vertu qui nous fait croire en
Dieu ?   R. C'eſt la Foi.

D. Quelle eſt celle qui nous fait eſperer en lui ?
R. C'eſt l'Eſperance.

D. Et celle par laquelle nous l'aimons parfaitement ?   R. C'eſt la Charité.

D. Comment nomme-t'on ces trois Vertus ?

R. On les appelle Vertus Theologales, c'eſt-à-
dire, qui ont Dieu pour leur objet.

D. Sommes-nous obligez de produire des Actes
de ces Vertus ?

R. Oüi, nous devons en produire ſouvent.

D. Qu'eſt-ce que la Foi ?

R. C'eſt un don de Dieu par lequel nous croyons
en lui, & à tout ce qu'il a revelé à ſon Egliſe.

D. Faites un Acte de Foi.

R. *Mon Dieu, je crois fermement tout ce que croit*
& enſeigne la ſainte Egliſe, parce que c'eſt
vous, ô mon Dieu, qui l'avez dit.

D. La Foi eſt-elle bien néceſſaire ?

R. Oüi, ſans elle nous ne pouvons ni plaire à
Dieu, ni être ſauvez.

D. Comment péche-t'on contre la Foi ?

R. 1. En refuſant de croire quelques-unes des
véritez que la Foi nous enſeigne.

2. En renonçant extérieurement à la croyance
de ces véritez.

3. En doutant volontairement de quelqu'une de
ces véritez.

4. En négligeant de s'inſtruire de celles dont la
connoiſſance eſt néceſſaire.

5. En refuſant de ſe ſoumettre à l'authorité du
Corps des premiers Paſteurs qui enſeigne ces
véritez.

Zele du Prophete Elie. 3. Liv. des Rois,
chap. 17. & 18.

PRATIQUES. 1. Réciter chaque jour les Commandemens de Dieu, & demander à Dieu la grace de mourir
plûtôt que de manquer à les observer.

2. Les enseigner à ceux qui ne les sçavent pas.

3. Prendre soin que ses enfans & ses domestiques, si on
en a, en soient instruits, qu'ils les pratiquent, qu'ils
assistent aux Offices & aux Instructions de l'Eglise.

XLVI. Suite du 1. Commandement.

De l'Esperance & de la Charité.

D. QU'est-ce que l'Esperance ?

R. C'est un don de Dieu par lequel nous
esperons ses graces en ce monde, & le Paradis
en l'autre, par les mérites de Jesus-Christ.

D. Faites un Acte d'Esperance.

R. *Mon Dieu, j'espere vos graces & mon salut, par
les mérites infinis de Jesus-Christ mon Sauveur.*

D. Comment péche-t'on contre l'Esperance ?

R. 1. Lorsqu'on desespere de son salut.

2. Lorsque présumant de la bonté de Dieu, on
differe de se convertir.

3. Lorsqu'en comptant sur ses propres forces, on
s'expose aux occasions de pécher.

4. Lorsqu'on manque de confiance & de soumission à la Providence de Dieu.

D. Qu'est-ce que la Charité ?

R. C'est un don de Dieu par lequel nous l'aimons
pour lui-même par dessus toutes choses, &
nous aimons notre prochain comme nous-
même pour l'amour de Dieu.

D. Qu'est-ce qu'aimer Dieu par-dessus toutes
choses ?

R. C'est l'aimer plus que tous les biens, plus que
nos parens, nos amis, & plus que nous-mêmes.

D. Celui qui aime quelque chose plus que Dieu, ou autant que Dieu, a-t'il la charité ?

R. Non, il fait en cela un grand péché.

D. Quels sont les motifs qui excitent en nous l'amour de Dieu ?

R. En voici quelques-uns. 1. Dieu est en lui-même infiniment aimable.

2. Il est notre Pere, il nous a donné la vie & nous la conserve à chaque instant.

3. Tous les jours il nous comble de biens.

4. Il desire sincerement de nous rendre éternellement heureux.

D. Que faut-il faire pour bien remplir le Commandement de la Charité ?

R. Il faut produire fréquemment des Actes d'amour de Dieu, penser à son infinie bonté, se plaire à parler & à entendre parler de lui, & lui offrir souvent par amour toutes ses affections, ses pensées & ses actions.

D. Peut-on être sauvé sans la Charité ?

R. Non, sans la charité nous sommes les ennemis de Dieu.

D. Comment perd-on la charité ?

R. Par le péché mortel.

D. Est-ce un grand malheur de la perdre ?

R. Oüi, le plus grand de tous les malheurs est de ne pas aimer Dieu.

D. Comment connoissons-nous si nous aimons Dieu par-dessus toutes choses ?

R. Nous le connoissons, si nous sommes disposez à accomplir tous ses Commandemens, quoiqu'il nous en coûte, fut-ce même la vie.

D. Faites un Acte de Charité.

R. *Mon Dieu, je vous aime de tout mon cœur, & plus que toutes choses, parce que vous êtes infiniment aimable, & j'aime mon Prochain comme moi-même, pour l'amour de vous.*

Sacrifice d'Abraham. Genese, chap. 22.

PRATIQUES. 1. Se confier en Dieu, se soumettre à sa providence, croyant fermement qu'il ne nous arrive rien que par son ordre ou sa permission, & pour notre salut.

2. Faire dans son cœur plusieurs fois le jour des Actes d'amour de Dieu, même en travaillant.

3. Ne s'attacher à rien sur la terre, & quand on a de l'attachement à quelque chose, s'en priver quelquefois, si on le peut, ou au moins en offrir à Dieu le sacrifice du cœur.

XLVII. Suite du 1. Commandement.

De l'Adoration de Dieu.

D. OUtre la Foi, l'Esperance & la Charité, que nous ordonne encore le premier Commandement ?

R. Il nous ordonne d'adorer Dieu, & de n'adorer que lui.

D. Faites un Acte d'Adoration.

R. *Mon Dieu, je vous adore, je vous reconnois pour mon Créateur & mon Maître : je vous offre ma vie & tout ce que je possede.*

D. N'adore-t'on pas aussi les Saints ?

R. Non, on n'adore que Dieu seul ; mais on honore les Saints comme les amis de Dieu.

D. Est-il bon de les invoquer ?

R. Oüi, car ils intercedent auprès de Dieu, pour nous en obtenir ses graces.

D. Pouvons-nous honorer leurs Reliques ?

R. Oüi, il est juste de les honorer en memoire des Saints.

D. Pourquoi honorons-nous aussi les Images des Saints ?

R. Parce qu'elles nous représentent les amis de Dieu.

D. N'est-ce point être idolâtre, que d'honorer
les Images ?

R. Non, parce que nous ne les adorons pas, nous
ne les prions pas, nous ne mettons point en
elles notre confiance.

D. Quel est donc l'honneur qu'on leur rend ?

R. Cet honneur se rapporte aux Saints qu'elles
représentent, & c'est aux Saints que nous
adressons nos prieres.

D. En quoi péche-t'on contre l'Adoration qui
n'est dûë qu'à Dieu ?

R. En trois manieres. Par idolatrie, par irréverence, par superstition.

D. Comment par *idolatrie* ?

R. En rendant à quelque créature l'adoration
qui n'est dûë qu'à Dieu.

D. Comment par *irréverence* ?

R. En méprisant ou profanant ce qui est consacré à Dieu.

D. Comment par *superstition* ?

R. En mettant sa confiance en de certaines paroles & de vaines observances que l'Eglise n'ap-
prouve point.

D. Donnez-en un exemple.

R. Ceux qui croyent guerir des animaux par de
certaines paroles, péchent par superstition.

Martyre des sept Freres, & de leur Mere.
Liv. 2. des Machabées, ch. 7.

PRATIQUES. 1. Respecter tout ce qui est consacré à
Dieu, les Eglises, les Prêtres, les Vases sacrez, les ornemens des Autels.

2. N'employer jamais à des plaisanteries les chants &
prieres de l'Eglise, ou les paroles de l'Ecriture Sainte.

3. Avoir dans sa chambre ou porter sur soi un Crucifix,
pour honorer plus souvent en le voyant, Jesus crucifié
pour nous.

XLVIII. Du 2. Commandement.

Dieu en vain tu ne jureras, ni autre chose pareillement.

D. Qu'est-ce que Dieu défend par ce Commandement ?

R. Il défend, 1. De jurer mal-à-propos. 2. De blasphémer. 3. De faire des imprécations contre soi ou contre le prochain.

D. Qu'est-ce que jurer ?

R. C'est prendre Dieu à témoin par lui-même, ou par quelqu'une de ses créatures, de la vérité de ce qu'on dit.

D. En combien de manieres jure-t'on mal-à-propos ?

R. 1. En jurant contre la vérité, c'est-ce qu'on appelle parjure.

2. En jurant selon la vérité, mais sans nécessité.

3. En jurant de faire quelque chose de criminel.

D. Celui qui a juré de faire une mauvaise action, comme de battre quelqu'un, est-il obligé d'accomplir son jurement.

R. Non, il feroit un second péché en accomplissant son jurement.

D. Si on a juré de faire quelque chose loüable, est-on obligé de l'executer ?

R. Oüi, on y est obligé, si en cela on ne fait point de tort au prochain.

D. N'y a-t'il point d'occasions où il soit permis de jurer ?

R. Oüi, par exemple ; quand le Juge l'ordonne, & que le serment qu'on fait, est selon la vérité.

D. Qu'est-ce que le blasphême ?

R. C'est une parole injurieuse contre Dieu, ou ses Saints, où la Religion : & c'est un crime énorme.

D. Qui

D. Qui sont ceux qui péchent encore contre ce Commandement ?

R. Ceux qui par colere ou autrement disent qu'ils se souhaitent ou aux autres la mort, ou la damnation, ou la peste, ou la possession du démon.

D. Que nous est-il encore ordonné par ce Commandement ?

R. Il est ordonné d'accomplir les vœux qu'on a faits.

D. Qu'est-ce qu'un vœu ?

R. C'est une promesse faite à Dieu, par laquelle on veut s'obliger de faire à son honneur, ou à celui des Saints, quelque action de pieté.

D. Péche-t'on en n'accomplissaut pas les vœux qu'on a faits ?

R. Oüi, c'est un grand péché de ne les pas accomplir.

D. Est-ce une chose agréable à Dieu de faire des vœux ?

R. Oüi, c'est une bonne action, mais qu'il ne faut pas faire légerement.

Martyre de S. Jean, suite du serment téméraire d'Herode. S Matth. chap. 14.

PRATIQUES. 1. Si on est habitué à quelque jurement, s'imposer une peine chaque fois qu'on y tombe, pour s'en corriger.

2. Se corriger de certains juremens, qui quoiqu'ils ne signifient rien, approchent de ceux où on profane le nom de Dieu.

3 Ne point faire de vœu, sur tout en matiere considerable, sans consulter son Confesseur.

XLIX. Du 3. Commandement.

Les Dimanches tu garderas, en servant Dieu dévotement.

D. QUe nous est-il ordonné par ce Commandement ?

H

R. Il nous est ordonné de sanctifier un jour dans chaque semaine, & ce jour est le saint Dimanche.

D. Que faut-il faire pour sanctifier ce jour ?

R. Il faut, 1. L'employer au service de Dieu. 2. S'abstenir des œuvres serviles.

D. Comment doit-on l'employer au service de Dieu ?

R. Il faut principalement entendre la Messe ce jour-là, & c'est un grand péché d'y manquer.

D. Est-ce assez d'assister de corps à la Messe ?

R. Non, il faut y assister avec attention & dévotion.

D. Suffit-il d'entendre une Messe basse pour sanctifier le Dimanche ?

R. Il faut encore, autant qu'on le peut, assister aux Offices de l'Eglise, & au Prône dans sa Paroisse, & s'occuper pendant le jour à de bonnes œuvres.

D. Qu'entend-on par les œuvres serviles dont-il faut s'abstenir ?

R. On entend les ouvrages du corps que font ordinairement les journaliers & gens de métier, pour gagner leur vie.

D. N'y a-t'il point outre le Dimanche, d'autres jours que nous devions pareillement sanctifier ?

R. Oüi, l'Eglise nous ordonne de sanctifier les jours de Fêtes de Jesus-Christ, de la sainte Vierge, & de quelques Saints.

D. Comment doit-on sanctifier ces jours de Fêtes?

R. En s'abstenant des œuvres serviles, & s'occupant au service de Dieu, de même que les Dimanches.

D. Quels péchez commet-on plus ordinairement contre la sanctification des Fêtes & Dimanches ?

R. 1. Passer ces jour-là en débauches, au jeu, aux danses & au cabaret.

2. Travailler ou faire travailler sans nécessité.

3. Empêcher ses Enfans ou ses Domestiques d'assister aux Instructions & au Service Divin.

Histoire des Juifs qui se laisserent égorger pour ne pas violer le Sabbat. 1. des Macchab. ch. 2.

PRATIQUES. 1. Tous les Dimanches & Fêtes assister réguliérement à la grand' Messe, au Prône & à Vêpres dans sa Paroisse.

2. Employer le reste de la journée en œuvres de piété, comme à visiter & servir les pauvres & les malades.

3. Lire chez soi quelque livre de pieté, ou enseigner le Catéchisme à ses freres & sœurs, ou à ses enfans.

4. Ne point aller au cabaret les jours de Fêtes & Dimanches.

L. Du 4. Commandement.

Tes Pere & Mere honoreras, afin que vives longuement.

D. A Quoi nous oblige le quatriéme Commandement ?

R. Il nous oblige à aimer nos pere & mere, à les respecter, à leur obéïr, à les assister dans leurs besoins.

D. Qui est-ce qui manque à la premiere obligation, qui est *de les aimer ?*

R. C'est celui qui les hait, qui ne peut vivre avec eux, qui desire leur mort.

D. Qui est-ce qui manque à la seconde obligation, qui est *de les respecter ?*

R. Celui qui les méprise, qui les raille, qui publie leurs défauts.

D. Qui manque à la troisiéme, qui est *de leur obéïr ?*

R. Celui qui ne fait pas ce qu'ils ordonnent,

qui ne le fait qu'avec dépit & murmure, qui quitte leur maison, va à la guerre, ou se marie sans leur consentement, qui n'execute pas leur testament.

D. Qui manque à la quatriéme, qui est *de les assister ?*

R. Celui qui les abandonne dans leur pauvreté ou leur vieillesse, qui leur reproche les secours qu'il leur donne, qui dérobe ce qu'ils ont, qui ne fait pas prier pour eux après leur mort.

D. Pourquoi ajoute-t'on, *afin que vives longuement ?*

R. Parce que dans l'ancienne Loi une longue vie étoit une récompense de l'accomplissement de ce Commandement.

D. Dieu accorde-t'il maintenant la même récompense ?

R. Dieu l'accorde quelquefois, & s'il n'accorde pas cette longue vie, c'est pour la changer en une vie éternelle.

D. Quelle est la punition des enfans qui n'accomplissent pas ce Commandement ?

R. C'est d'attirer la malédiction de leurs parens, laquelle est suivie ordinairement de celle de Dieu.

D. Ne doit-on honorer que son pere & sa mere ?

R. On doit honorer de même ses beau-pere, belle-mere, tuteurs, oncles, tantes, & autres parens à proportion de leur âge & de leur autorité.

D. Qui doit-on honorer encore selon le quatriéme Commandement ?

R. On doit honorer pareillement tous ses Supérieurs, comme le Pape, son Evêque, son Curé, le Roy, les Magistrats, son Maître, son Seigneur, &c.

D. Que comprend encore ce Commandement ?

R. Il comprend les devoirs des peres & meres envers leurs enfans, & des maîtres envers leurs inférieurs.

D. Quels ſont ces devoirs ?

R. Ils leurs doivent, 1. L'inſtruction. 2. La correction. 3. Le bon exemple. 4. La nourriture.

Révolte d'Abſalom & ſa mort. 2. Liv. des Rois, chap. 15. & 18.

PRATIQUES. 1. Supporter avec patience les défauts de ſes parens, leurs humeurs, & même leurs mauvais traitemens.

2. Demander tous les ſoirs leur bénédiction.

3. Reſpecter le Pape, ſon Evêque, ſon Curé, le Roy, les Magiſtrats, le Seigneur de ſa Paroiſſe, &c. leur obéïr quand il le faut, & ne pas ſouffrir qu'on en parle mal.

LI. Du V. Commandement.

Homicide point ne ſeras, de fait ni volontairement.

D. QUe nous défend ce Commandement ?

R. Il nous défend d'offenſer la vie du prochain.

D. Combien de ſortes de vies diſtingue-t'on dans le prochain ?

R. On en diſtingue trois, la vie Naturelle, la vie Spirituelle, & la vie Civile.

D. Qu'entend-on par la vie Naturelle, la vie Spirituelle & la vie Civile ?

R. On entend par la vie Naturelle, la vie du corps ; par la vie Spirituelle, la ſainteté de l'ame ; par la vie Civile, la réputation.

D. Comment offenſe-t'on le prochain dans ſa vie naturelle ?

R. Par penſée, en le haïſſant, ou lui ſouhaitant du mal.

2. Par paroles, en lui diſant des injures.

3. Par action, en le frappant ou lui donnant la mort.

D. A quoi est obligé celui qui a insulté, ou frappé son prochain ?

R. A réparer, s'il peut, l'injure qu'il lui a faite, & tout le tort qui en a suivi.

D. Comment offense-t'on la vie Spirituelle du prochain.

R. En le portant à offenser Dieu ; ce qu'on appelle péché de scandale.

D. Comment offense-t'on la vie Civile du prochain ?

R. En blessant sa réputation.

D. En combien de manieres blesse-t'on la réputation du prochain ?

R. 1. En l'accusant du mal qu'il n'a pas commis ? & cela s'appelle calomnie.

2. En faisant connoître le mal qu'il a commis, mais qui n'est pas connu ; & cela s'appelle médisance.

D. A quoi le médisant ou le calomniateur est-il obligé ?

R. A réparer autant qu'il peut, la réputation du prochain qu'il a blessée, même en se dédisant lui-même, si cela est nécessaire.

D. Quand les fautes du prochain sont publiques, est-il permis de s'en entretenir avec malignité ?

R. Non, cette malignité est contraire à la charité.

D. Est-il permis d'écouter la médisance, & d'y prendre plaisir ?

R. Non, car on est souvent coupable du péché que commet celui qui médit.

Histoire d'Esther, & la mort funeste d'Aman.
Liv. d'Esther, chap. 7.

PRATIQUES. 1. Quand on a eu querelle avec quelqu'un, ne passer le jour sans se réconcilier, & lui faire excuse quand on l'a injurié ou maltraité.

2. Procurer la réconciliation des ennemis, & de ceux qui font en procès.

3. Empêcher les médifances quand on le peut, excufer ceux dont on dit du mal, avertir ceux qui médifent, du péché qu'ils commettent.

LII. Des 6. & 9. Commandemens.

Luxurieux point ne feras, de corps ni de confentement.

L'œuvre de chair ne defireras, qu'en mariage feulement.

D. QUe défendent ces deux Commandemens?

R. Ils défendent tous péchez d'impureté, & tout ce qui donne occafion à cet horrible crime.

D. Ne péche-t'on pas contre ces deux Commandemens par penfées, par paroles & par actions?

R. Oüi.

D. Qui font ceux qui péchent par penfées?

R. Ceux qui s'occupent volontairement de penfées deshonnêtes, ou de mauvais defirs.

D. Qui font ceux qui péchent par paroles?

R. Ceux qui difent des paroles libertines, immodeftes, & à double fens.

D. Qui font ceux qui péchent par actions?

R. Ceux qui font des regards ou des attouchemens deshonnêtes fur eux, ou fur autrui.

D. Que faut-il faire pour refister aux tentations fur ce péché?

R. Il faut en rejetter promptement les premieres penfées, récourir à Dieu, & fuir les occafions.

D. Quelles font les occafions les plus ordinaires de cet horrible péché?

R. 1. La compagnie des libertins.

2. La lecture des Romans & des mauvais livres.

3. Les bals, les danfes, les comédies.

4. Les tableaux deshonnêtes.

5. Les amitiez trop familieres avec des personnes de sexe different.

D. Quel effet funeste l'impureté cause-t'elle plus ordinairement dans l'ame?

R. Elle y cause souvent l'oubli du Salut, & l'endurcissement.

D. Quels sont les remedes contre ce malheureux vice?

R. 1. Mortifier ses sens, & particuliérement ses yeux & sa bouche.

2. Fréquenter les Sacremens de Pénitence & d'Eucharistie.

3. Travailler & n'être jamais oisif.

Histoire de l'Embrasement de Sodome. Gen. ch. 19.

PRATIQUES. 1. Avoir une dévotion particuliere envers la Sainte Vierge, & demander chaque jour à Dieu par son intercession la chasteté.

2. Rompre avec les amis qui sont de mauvaises mœurs, & qui tiennent des discours contre la modestie.

3. Pratiquer quelques mortifications, selon le conseil de son Confesseur.

4. Etre toujours modestement couvert, même dans le tems qu'on s'habille ou qu'on se deshabille.

LIII. Des 7. & 10. Commandemens.

Le bien d'autrui tu ne prendras, ni retiendras
à ton escient.
Biens d'autrui ne convoiteras, pour les avoir
injustement.

D. QUe défendent ces deux Commandemens?

R. Le septiéme défend de faire tort au prochain dans ses biens, & le dixiéme défend d'en avoir même le desir.

D. En combien de manieres peut-on faire tort au prochain dans ses biens?

R. 1. En

R. 1. En prenant injuſtement ce qui lui appartient.

2. En le retenant contre ſa volonté.

3. En lui cauſant dans ſes biens quelque autre
dommage.

D. En combien de manieres prend-on plus ordinairement le bien de ſon prochain ?

R. On peut le prendre, 1. Par violence, comme
les voleurs.

2. Par adreſſe, comme les domeſtiques qui déro-
bent en ſecret.

3. Par fraude, comme ceux qui trompent dans la
marchandiſe.

4. Par uſure, comme ceux qui prêtent de l'argent
pour en tirer du profit ; ſans cauſe légitime.

5. Par uſurpation, comme ceux qui font des
chicanes, de mauvais procès, ou des compen-
ſations injuſtes.

D. En combien de manieres retient-on ordinairement le bien du prochain ?

R. Les plus ordinaires ſont, 1. Ne pas reſtituer
ce qu'on a pris.

2. Ne pas payer ſes dettes.

3. Refuſer le ſalaire aux ouvriers ou ſerviteurs.

4. Ne pas payer la dîme à qui on la doit.

D. Ne retient-on pas encore le bien d'autrui en
quelque autre maniere ?

R. En voici encore trois. 1. Ne pas rendre le
dépôt confié.

2. Ne pas rendre compte des biens qu'on a ad-
miniſtrez.

3. Ne pas faire diligence pour connoître le maître des choſes qu'on a trouvées.

D. En combien de manieres cauſe-t'on d'autres
dommages au prochain ?

R. En quatre manieres. 1. Gâtant ou détruiſant
ce qui eſt à lui.

I

2. Conseillant à d'autres de lui faire du tort.

3. Les aidant à le faire.

4. N'empêchant pas qu'on le fasse, quand on en a l'autorité ou la commission.

D. A quoi sont obligez tous ceux dont on vient de parler ?

R. A restituer ce qu'ils ont retenu, ou à réparer le dommage qu'ils ont causé.

D. Celui qui n'en a pas profité, est-il obligé de même à restituer ?

R. Oüi, il suffit qu'il ait fait tort, pour être obligé à dédommager de tout le tort qu'il a fait.

D. Suffit-il de restituer ce qu'on a pris ou retenu injustement ?

R. Non, il faut dédommager de tout le tort qu'on a causé. Par exemple, si on a volé les outils d'un ouvrier, il faut le dédommager pour le gain qu'on lui a empêché de faire.

D. L'obligation de restituer est-elle bien pressante ?

R. Oüi, sans la volonté de restituer promptement, on ne peut être sauvé ni recevoir l'absolution.

D. A qui faut-il restituer ?

R. A celui-là même à qui on a fait du tort, & s'il est mort, à ses héritiers.

D. Quand faut-il restituer ?

R. Il faut restituer le plûtôt qu'il est possible.

Histoire & punition du larcin d'Acan. Jos. ch. 7.

PRATIQUES. 1. Ne jamais rien prendre, même chez ses parens, sans leur permission, quand ce ne seroit que pour manger.

2. Donner aux pauvres ce qu'on a sauvé, quand on ne peut en découvrir le maître.

3. Restituer, si on y est obligé, avant de se présenter à confesse.

LIV. Du 8. Commandement.

Faux témoignage ne diras , ni mentiras
aucunemsnt.

D. QUe défend ce Commandement ?
R. Trois choses. 1. Le mensonge. 2. Les faux
témoignages. 3. Les jugemens téméraires.
D. Qu'eft-ce que mentir ?
R. C'eft parler contre la vérité que l'on connoît,
avec deffein de tromper.
D. Celui qui parle contre la vérité, & qui croit
dire la vérité, fait-il un menfonge ?
R. Non, il dit faux, mais il ne ment pas.
D. Eft-il permis de mentir en quelques occafions ?
R. Non, il n'eft jamais permis de mentir.
D. Mais fi on ment pour fe réjoüir ou pour s'ex-
cufer ?
R. C'eft toujours un péché.
D. N'eft-il pas permis de mentir pour rendre
fervice au prochain ?
R. Non , quand même ce feroit pour lui fauver
la vie.
D. Qu'eft-ce que *faux témoignage ?*
R. C'eft une dépofition faite en juftice contre la
vérité.
D. A quoi eft obligé celui qui a rendu un faux
témoignage ?
R. A réparer tout le tort que fon faux témoi-
gnage a caufé au prochain.
D. Qu'eft-ce que juger témérairement ?
R. C'eft juger mal de fon prochain fans fonde-
ment légitime.
D. Donnez-en des exemples.
R. Celui qui interprete en mal les actions inno-

centes du prochain, ou qui les condamne sur
de fausses apparences, ou qui lui attribuë sans
bonne preuve, de mauvaises intentions, fait
un jugement téméraire.

D. En quelles autres manieres péche-t'on contre
ce Commandement ?

R. 1. En subornant des témoins, c'est-à-dire en
les empêchant de déposer, ou les sollicitant
de déposer contre la vérité.

2. En fabriquant ou supposant de faux contrats
ou de faux titres.

3. En supposant un crime à un innocent.

4. En ôtant à un accusé les justes moyens de se
défendre.

Histoire du mensonge d'Ananie & de Saphire, &
leur punition. Act. des Apôtres, chap. 5.

PRATIQUES. 1. Souffrir plûtôt les réprimandes &
les châtimens de ses parens & de ses maîtres, que de
mentir pour s'excuser.

2. Ne jamais se servir de paroles équivoques, pour tromper ceux à qui on parle.

LV. De l'Eglise & de ses Commandemens.

D. QU'est-ce que l'Eglise ?

R. C'est l'Assemblée des Fideles gouvernez
par notre S. Pere le Pape & par les Evêques.

D. Combien y a-t'il d'Eglises ?

R. Il n'y en a qu'une qui est l'Eglise Catholique,
Apostolique & Romaine.

D. Pourquoi l'appelle-t'on Apostolique ?

R. Parce que le Pape & les Evêques qui la gou-
vernent, ont succedé sans interruption aux
Apôtres.

D. Pourquoi l'appellez-vous Romaine ?

R. Parce que l'Eglise établie à Rome, est le
chef & la mere de toutes les autres Eglises.

D. Qu'est-ce que notre saint Pere le Pape ?

R. C'est le Vicaire de Jesus-Christ sur terre, & le Chef visible de l'Eglise.

D. Dites-nous quelques-uns des avantages de l'Eglise ?

R. 1. C'est d'être l'Epouse de Jesus-Christ.

2. De posseder tous les trésors des mérites de Jesus-Christ.

3. D'être gouvernée & sanctifiée sans cesse par le saint-Esprit.

D. L'Eglise a-t'elle subsisté toujours depuis Jesus-Christ ?

R. Oüi, elle subsistera toujours malgré les héréfies & les persécutions.

D. Comment cela ?

R. Parce que Jesus-Christ lui a promis, que les portes de l'Enfer ne prévaudront pas contre elle.

D. Qu'est-ce à dire, les portes de l'Enfer ?

R. C'est-à-dire qu'elle ne sera jamais détruite ni par les persécutions, ni par les erreurs, ni par la corruption des mœurs, ni par tous les efforts du démon.

D. Qui sont ceux qui sont hors de l'Eglise ?

R. Ce sont 1. Les Payens, qui adorent de fausses Divinitez, comme les Idoles.

2. Les Infideles qui adorent Dieu, mais qui ne connoissent pas Jesus-Christ.

3. Les Hérétiques qui ne tiennent pas la même foi que l'Eglise.

4. Les Schismatiques qui ne reconnoissent point leurs vrais Pasteurs, & qui se séparent d'eux.

5. Les Excommuniez, qui à cause de leur défo-béïssance, sont rétranchez de l'Eglise.

D. Ceux qui sont hors de l'Eglise, sont-ils sauvez ?

R. Non, on ne peut être sauvé que dans l'Eglise.

Mort terrible de Coré, Datan & Abiron, Liv.
des Nombres, chap. 16.

PRATIQUES. 1. Prier Dieu particulierement pour notre S. Pere le Pape & Monfeigneur notre Archevêque.
2. Obéir fidelement & promptement à leurs Ordonnances ; comme quand ils défendent les mauvais livres,
s'en défaire auffi-tôt en la maniere qu'ils l'ordonnent.
3. Prier Dieu pour la multiplication & la fanctification
des membres de l'Eglife, c'eft à dire des Fideles, &
pour la converfion de ceux qui ne le font point.

LVI. Suite de l'Eglife.

D. QUels font les devoirs des Fideles envers
l'Eglife ?

R. C'eft de croire ce qu'elle enfeigne, & pratiquer ce qu'elle ordonne.

D. Pourquoi eft-on obligé de croire ce qu'elle
enfeigne ?

R. Parce qu'étant affiftée du faint-Efprit, elle eft
infaillible ; c'eft-à-dire, qu'elle ne peut tomber
dans l'erreur.

D. Pourquoi eft-on obligé de pratiquer ce qu'elle ordonne ?

R. Parce qu'elle eft affiftée du faint-Efprit dans
ce qu'elle commande, & qu'elle en a reçû le
pouvoir de Jefus-Chrift.

D. Qui font ceux qui dans l'Eglife ont reçu de
Jefus-Chrift, le pouvoir de nous enfeigner &
de nous commander ?

R. C'eft le Pape & les Evêques ; & Jefus-Chrift
leur a promis d'être avec eux tous les jours
jufqu'à la fin des fiécles.

D. Quels font les principaux Commandemens
de l'Eglife ?

R. Les voici.

Les Fêtes tu fanctifieras, &c. page 7.

D. Est-on obligé d'accomplir tous ces Commandemens ?

R. Oüi, on y est obligé sous peine de péché.

D. Comment l'Eglise punit-elle quelquefois ceux qui se révoltent contre ses Loix ?

R. Elle les retranche de son corps, c'est ce qu'on appelle l'excommunication.

D. Quel est l'effet de l'excommunication ?

R. L'Excommunié ne participe plus aux prieres ni aux Sacremens de l'Eglise, il est livré au démon, & s'il meurt en cet état sans pénitence, il est damné.

D. Quels sont les crimes pour lesquels on encourt plus ordinairement l'excommunication ?

R. 1. Battre un Ecclésiastique ou un Religieux. 2. Entrer dans les Couvents des Religieuses sans permission. 3. Ne pas réveler, quand on le doit, ce qu'on sçait touchant les Monitoires qui ont été publiez. 4. Ne pas communier à Pâques. 5. Désobéïr aux Ordonnances des Evêques, publiées sous peine d'excommunication.

D. Comment doit-on traiter les excommuniez ?

R. Quand ils sont publiquement dénoncez, il faut éviter leur compagnie.

Histoire du Corinthien excommunié par S. Paul.
1. Ep. S. Paul aux Corinth. ch. 5.

PRATIQUES. 1. Remercier Dieu de nous avoir fait naître dans le sein de la vraye Eglise.

2. Craindre l'excommunication, s'instruire de ce qui y peut faire tomber, s'en faire relever promptement, si par malheur on y étoit tombé.

3. Ne parler jamais de notre Saint Pere le Pape & des Evêques, qu'avec un grand respect, ne point médire de leur conduite, ni souffrir qu'on en parle mal.

LVII. De l'Ecriture Sainte.

D. OU sont compris les Mysteres que Dieu a révelez, & que l'Eglise enseigne ?

R. Dans l'Ecriture Sainte & dans la Tradition.

D. Qu'entendez-vous par l'Ecriture Sainte ?

R. J'entens des livres écrits par l'inspiration du saint-Esprit pour notre instruction.

D. Comment se divise l'Ecriture Sainte ?

R. En ancien & nouveau Testament.

D. Qu'est-ce que l'ancien Testament ?

R. Ce sont des livres écrits avant Jesus-Christ, où sa venuë & sa mort ont été prédites.

D. Qu'est-ce que le nouveau Testament ?

R. Ce sont des livres écrits depuis Jesus-Christ par ses Disciples.

D. Que contiennent ces Livres ?

R. 1. La vie & les préceptes de Jesus-Christ, & c'est ce qu'on appelle son Evangile.

2. Ce que ses Disciples ont écrits pour l'instruction des Fideles.

D. Comment devons-nous regarder l'Ecriture sainte ?

R. Comme des Livres divins, qu'il faut souverainement respecter, & croire sans exception tout ce qui y est contenu.

D. Pourquoi croire tout ce qui y est contenu ?

R. Parce que ç'est la parole de Dieu, qui ne peut nous tromper.

D. Ne croyez-vous que ce qui est écrit dans ces saints Livres ?

R. Je crois aussi ce que les Apôtres ont enseigné de vive voix, & qui a toujours été crû dans l'Eglise.

D. Comment appelle-t'on cette Doctrine ?

R. On l'appelle la parole de Dieu non écrite, ou la tradition.

D. Que signifie ce mot *Tradition* ?

R. Une Doctrine donnée, comme de main en main, depuis les Apôtres jusqu'à nous.

D. Comment connoissons - nous les véritables Ecritures saintes, & les traditions qu'on doit recevoir ?

R. Par le témoignage & la décision de l'Eglise.

D. Quand il y a quelque obscurité dans l'Ecriture ou la Tradition, à qui est-ce à en décider ?

R. C'est aux Pape & aux Evêques.

D. Comment faut-il lire l'Ecriture sainte ?

R. Il faut la lire dépendamment de l'autorité de l'Eglise, & avec soumission à ce qu'elle décide.

L'Officier de la Reine d'Æthiopie converti en lisant Isaïe. Acte des Apôtres, chap. 8.

PRATIQUES. 1. Les Fêtes & Dimanches, employer quelque tems à lire ou à se faire lire quelque chose de la sainte Ecriture.

2. Prendre la permission & l'avis de son Pasteur, pour qu'il juge de ce qui est plus à notre portée & qui nous sera plus utile dans cette lecture.

3. Entendre les Prédications toutes les fois qu'on le peut, tout quitter pour cela & particulierement pour le Prône de sa Paroisse.

LVIII. De la Priere.

D. QU'est-ce que la Priere ?

R. Q C'est une élevation de notre ame vers Dieu.

D. Comment notre ame s'éleve-t'elle vers Dieu ?

R. 1. Par l'adoration, 2. la loüange, 3. le remerciment, 4. la demande, 5. l'offrande que nous lui faisons de nous, ou de ce qui est à nous.

D. En combien de manieres peut-on prier ?

R. En deux manieres, de cœur & de bouche.

D. Comment nomme-t'on ces deux sortes de prieres ?

R. La Priere du cœur s'appelle Oraison mentale, celle de bouche s'appelle Priere vocale.

D. Dans la priere vocale, suffit-il de prier de bouche ?

R. Non, il faut y joindre les sentimens du cœur.

D. Est-il nécessaire de prier Dieu ?

R. Oüi, c'est un de nos plus essentiels devoirs.

D. Pourquoi est-ce un devoir si essentiel ?

R. A cause du besoin continuel que nous avons du secours de Dieu.

D. Comment faut-il prier ?

R. Avec humilité, confiance, & persévérance.

D. Que faut-il encore pour bien prier ?

R. Prier au nom de Jesus-Christ, par qui seul nous pouvons mériter d'être exaucez.

D. Quand nos prieres ont toutes ces conditions Dieu les exauce-t'il toujours ?

D. Oüi, il les exauce toujours, en la maniere qu'il juge plus utile à notre salut.

D. Que doit-on demander dans ses prieres ?

R. Les choses qui ont rapport à la gloire de Dieu, à notre salut, ou à celui du prochain.

D. Peut-on demander des biens temporels, comme la vie, la santé, &c.

R. Oüi, pourvû qu'on les demande pour une bonne fin, & avec soumission à la volonté de Dieu.

D. Dans quel tems doit-on prier ?

R. Nous devrions prier sans cesse, s'il étoit possible : au moins faut-il le faire, le matin & le soir, & lorsque nous assistons à la Messe, & aux autres Offices.

D. N'y a-t'il pas d'autres occasions où on soit particuliérement obligé de prier Dieu ?

R. Oüi, 1. Lorsqu'on est tenté, ou en quelque peril.

2. Lorsqu'on est malade, ou dans l'affliction.

3. Lorsqu'on est tombé dans le péché.

4. Lorsqu'on est prêt à choisir un état de vie.

Priere de Moïse pendant le combat des Amalecites. Exode, chap. 17.

PRATIQUES. 1. S'instruire de la pratique de l'oraison mentale, & en faire chaque jour un quart d'heure ou plus.

2. Chaque jour, à la fin de son travail, aller à l'Eglise s'offrir à Dieu & le prier ; ou prendre une demie heure chaque semaine, pour la passer en priere devant le S. Sacrem ent.

3. Ne demander jamais des biens temporels, que par rapport à notre salut, & toujours dépendamment de la volonté de Dieu.

LIX. Des Actions de la Journée.

D. Q Uel est le moyen d'avancer & de perséverer dans la pieté ?

R. C'est de faire ses actions, même les plus communes, d'une maniere qui soit méritoire.

D. Toutes nos actions, même le sommeil, les repas, &c. peuvent-elles être méritoires pour le Ciel ?

R. Oüi, S. Paul dit, que soit que nous mangions, soit que nous fassions quelqu'autre chose que ce soit, nous le fassions pour la gloire de Dieu.

D. Que faut-il faire pour bien régler ses actions?

R. Il faut regler l'exterieur & l'interieur.

D. Qu'entend-on par l'exterieur des actions ?

R. C'est ce qui paroit à nos yeux, comme quand

on entend la Messe, ce qu’il y a d’exterieur dans cette action, c’est le tems, le lieu, la modestie avec laquelle on l’entend.

D. Comment regler l’exterieur des actions ?

R. En les faisant 1. avec modestie, 2. avec diligence, 3. dans les tems convenables.

D. Qu’entend-on par l’interieur des actions ?

R. C’est ce qui se passe au fond du cœur. Comme quand on entend la Messe, l’intérieur de cette action, c’est l’intention ou la fin pour laquelle on l’entend, & l’attention pour laquelle on l’entend.

D. Comment régler l’intérieur des actions ?

R. 1. Avoir intention de plaire à Dieu, 2. Lui offrir ses actions avant de les faire, 3. Songer quelquefois à Dieu en les faisant.

D. Quelles actions de la journée voulez-vous particulierement regler ainsi ?

R. Le lever, le travail, les repas, les conversations, & le sommeil.

D. Comment regler son lever ?

R. Offrir sa premiere pensée à Dieu, se lever en diligence, s’habiller modestement, faire sa priere à genoux dès qu’on est habillé.

D. Comment sanctifier son travail ?

R. L’offrir à Dieu avant de commencer, souffrir pour son amour la peine qui y est attachée, songer quelquefois à sa présence pendant que le travail dure.

D. Comment sanctifier ses repas ?

R. Ne les prendre qu’en vuë de la nécessité, les offrir à Dieu, dire exactement *Benedicite*, & graces, & il seroit bon d’y pratiquer quelqu’abstinence ou mortification.

D. Comment regler ses conversations ?

R. Demander à Dieu la grace de ne l’y point offenser, n’y point perdre trop de tems, éviter les mauvaises compagnies, ne joüer à aucun jeu dangereux.

D. Comment sanctifier son coucher & son sommeil ?

R. Faire sa priere avant de se coucher, offrir à Dieu son sommeil, se deshabiller modestement : quand on est couché, s'occuper de quelque pensée pieuse.

Parabole des dix Vierges. S. Matthieu, ch. 25.

PRATIQUES. 1. Conserver dans toutes ses actions le souvenir de la presence de Dieu, élever fréquemment son cœur vers lui, par exemple, chaque fois que l'horloge sonne.

2. Se faire une regle de vie, ou en demander une à son Confesseur pour regler ses actions, & particulierement les heures de son lever & de ses prieres, & pratiquer cette regle exactement.

3. En faisant ses actions, s'unir aux dispositions du cœur de Jesus Christ, lors qu'étant sur la terre il faisoit les mêmes actions que nous, & offrir à Dieu ses saintes dispositions, en disant :

Mon Dieu je vous offre cette action, par exemple, *le repos que je vais prendre, en union du repos que Jesus-Christ a pris sur la terre ; faites-moi la grace d'avoir part aux saintes dispositions de son cœur.*

CATECHISME
POUR LES FÊTES.

Fête de Noël.

D. QUelle Fête celebre-t'on aujourd'hui ?

R. La Fête de la naissance du Fils de Dieu.

D. Qu'est-ce à dire la naissance du Fils de Dieu ?

R. C'est que le Fils de Dieu s'étant fait homme comme nous, c'est en ce jour qu'il a pris naissance.

D. Pourquoi s'est-il fait homme comme nous ?

R. C'est pour nous racheter de l'esclavage du péché, & des peines de l'Enfer, & nous mériter la vie éternelle par ses souffrances.

D. Que serions-nous devenus si Jesus-Christ ne nous eût pas rachetez ?

R. Nous aurions été tous damnez.

D. Comment nous a-t'il racheté ?

R. C'est en souffrant pour nous comme homme, & donnant comme Dieu un prix infini à ses souffrances.

D. Jesus-Christ est donc Dieu & homme tout ensemble ?

R. Oüi, il est Dieu & homme.

D. Combien y a-t'il de natures en Jesus-Christ ?

R. Il y en a deux, la nature divine & la nature humaine.

D. Combien y a-t'il de personnes en lui ?

R. Il n'y en a qu'une, sçavoir la personne de Dieu le Fils.

D. Où est-ce que le Fils de Dieu est né ?

R. En Bethléem , petite Ville de Judée.

D. En quel état est-il né ?

R. Il est né dans la pauvreté & l'humiliation.

D. Pourquoi a-t'il voulu naître en cet état ?

R. C'est pour nous mériter la grace de vaincre notre orgüeil, & nous enseigner par son exemple l'humilité & la patience.

D. Pourquoi a-t'il voulu devenir enfant ?

R. C'est premierement pour porter toutes nos foiblesses.

2. Pour nous engager à l'aimer avec plus de tendresse, & à nous adresser à lui avec plus de confiance.

Histoire des circonstances merveillenses de la naissance de Jesus-Christ. S. Matth. ch. 1. & 2.

PRATIQUES. 1. Honorer particulierement Jesus-Christ dans son enfance, & principalement dans le tems qui est entre Noël & la Purification, lui rendre chaque jour en cet état quelque hommage.

2. Pratiquer avec plus de soin l'humilité, pendant tout ce tems.

3. Imiter aussi la pauvreté de Jesus-Christ, soit en souffrant celle où Dieu nous a mis, soit en nous privant de quelques commoditez

---

La Circoncision.

D. QU'y a-t'il de remarquable dans la Fête de ce jour ?

R. Trois choses, 1. Le Mystere de la Circoncision.

2. Le nom de Jesus donné au Fils de Dieu.

3. Le commencement de la nouvelle année.

D. Qu'entendez-vous par le Mystere de la Circoncision ?

R. J'entens que le Fils de Dieu s'est soumis à une cérémonie très-douloureuse de la Loy de

Moïse, qui distinguoit les Juifs des autres peuples

D. Pourquoi le Fils de Dieu s'y est-il soumis ?

R. C'est pour nous montrer son amour en répandant son sang pour nous, dès sa plus tendre enfance.

D. Que devons nous donc honorer dans ce Myftere ?

R. Le sang que Jesus-Chrift a versé en ce jour, & l'amour qui le lui a fait verser pour nous.

D. Qu'honorons-nous encore ?

R. Le nom de Jesus qui fut donné au Fils de Dieu dans sa Circoncision.

D. Que signifie Jesus ?

R. Il signifie *Sauveur*, & on l'a donné au Fils de Dieu, parce qu'il nous a sauvé de l'Enfer.

D. Que signifie le nom de *Chrift* qu'on ajoûte au nom de Jesus ?

R. Chrift, signifie, *oint sacré :* on donne ce nom à Jesus-Chrift, parce que son humanité sainte a été consacrée par son union à la Divinité.

D. Qu'y a-t'il d'admirable dans le nom de Jesus?

R. Deux choses ; l'une, qu'il est la terreur des Démons, l'autre qu'il fait la confiance des fideles.

D. Comment fait-il la confiance des fideles ?

R. En ce que le Fils de Dieu nous a promis que tout ce que nous demanderions en son nom, nous seroit accordé.

D. Quels sentimens devons-nous avoir au sujet de la nouvelle année ?

R. 1. Un vif regret des péchez commis dans l'année derniere.

2. Une grande reconnoissance pour le tems que Dieu nous donne encore pour faire pénitence.

3. Un vrai desir de le mieux servir dans cette année.

Fuite de Jesus-Christ en Egypte, & massacre des Innocens. S. Matthieu, chap. 2.

PRATIQUES. 1. Offrir en ce jour à Notre Seigneur sa nouvelle année, pour ne l'employer qu'à son service.

2. Entreprendre pendant cette année la victoire de quelques-unes de nos passions, ou de nos mauvaises habitudes.

3. Prononcer & invoquer souvent avec amour & confiance, le saint nom de JESUS.

Epiphanie ou Fête des Rois.

D. QUelle est la Fête de ce jour ?

R. C'est le jour auquel des Mages vinrent d'Orient adorer l'Enfant Jesus.

D. Qu'est-ce que c'étoit que ces Mages ?

R. C'étoit des Sçavans d'entre les Gentils, qui furent avertis par une étoile miraculeuse, de la naissance de Jesus-Christ.

D. Estoient-ce des Rois ?

R. On le croit ainsi communément, c'est pourquoi on appelle cette Fête, la Fête des Rois.

D. Que signifioit l'or, l'encens & la myrrhe que les Rois offrirent à Jesus-Christ ?

R. L'or, signifioit que Jesus-Christ étoit Roy; l'encens, qu'il étoit Dieu; & la myrrhe, qu'il devoit mourir comme homme.

D. Pourquoi nomme-t'on cette Fête *Epiphanie* ?

R. Epiphanie signifie manifestation; on donne ce nom à cette Fête, parce qu'en ce jour Jesus-Christ se manifesta, ou se fit reconnoître & adorer par les Gentils.

D. Qu'entendez-vous par les Gentils ?

R. J'entens les peuples qui n'adoroient point Dieu comme les Juifs, & dont la plûpart adoroient les Idoles.

D. Quelle part avons-nous à ce mystère ?

R. C'est par ce mystere que Jesus-Christ a commencé à nous appeller avec tous les Gentils, à la foy & à la connoissance de son Evangile.

D. L'Eglise n'honore-t'elle que ce mystere en ce jour ?

R. Elle honore encore 1. le Baptême de Jesus-Christ par S. Jean-Baptiste.

2. Le premier de ses miracles, qu'il fit aux Nôces de Cana.

D. Pourquoi honore-t'on ces trois mysteres en un même jour ?

R. C'est que tous les trois tendoient à une même fin, qui étoit de nous faire connoître que Jesus-Christ étoit envoyé de Dieu son pere, pour nous instruire & nous sauver.

L'eau changée en vin aux Nôces de Cana.
S. Jean, chap. 2.

PRATIQUES. 1. Remercier Dieu de nous avoir appellé à la foi & à la connoissance de Jesus-Christ.

2. Prier pour la conversion de tant de Royaumes qui n'ont pas le même bonheur.

3. Faire en ce jour à Jesus-Christ, à l'imitation des saints Rois, quelque offrande de nos biens ou de nos bonnes œuvres.

La Purification.

De l'*Ave Maria.*

D. Quel Mystere honore-t'on en ce jour ?

R. C'est en ce jour que la sainte Vierge offrit Jesus-Christ son fils à Dieu dans le Temple, & s'y offrit elle-même pour être purifiée, selon la Loy de Moïse.

D. Avoit-elle besoin d'être purifiée ?

R. Non, mais son humilité lui fit prendre part à cette cérémonie instituée pour les pécheurs.

D. Quels sentimens les Chrétiens doivent-ils avoir envers la sainte Vierge ?

R. Les sentimens d'une sincére dévotion.

D. Pourquoi cela ?

R. 1. A cause de sa grande dignité, puisqu'elle est mere de Dieu.

2. A cause de la protection qu'elle accorde à ceux qui ont recours à son intercession.

D. Quelle est la principale priere dont l'Eglise se sert pour l'invoquer ?

R. C'est l'*Ave Maria*.

D. De quoi est composée cette priere ?

R. Des paroles de l'Ange Gabriel, de celles de sainte Elisabeth, & de celles de l'Eglise.

D. Quelles sont les paroles de l'Ange ?

R. Ce sont celles qu'il dit à la sainte Vierge, en lui annonçant l'incarnation du Fils de Dieu dans son sein, *Je vous saluë, pleine de graces,* &c.

D. Que signifient ces paroles ?

R. Elles signifient que le saint-Esprit habite en la sainte Vierge, & qu'il l'a remplie de ses graces d'une maniere admirable.

D. Quelles sont les paroles de sainte Elisabeth ?

R. Celles que cette Sainte dit à la sainte Vierge, qui venoit l'honorer de sa visite, *Vous êtes benie entre les femmes,* &c.

D. Que signifie ces paroles ?

R. Elles signifient que la sainte Vierge est mere de Dieu; nous l'honorons en cette qualité, & nous benissons Dieu de nous avoir donné son Fils par elle.

D. Quelles sont les paroles de l'Eglise ?

R. Ce sont celles-ci, *Sainte Marie mere de Dieu,* &c.

D. Que signifient ces paroles ?

R. Elles signifient la grande confiance que l'Eglise

prend à l'intercession de la sainte Vierge, principalement pour l'heure de notre mort.

Visitation de la sainte Vierge, & sanctification de S. Jean. S. Luc, chap. 1.

PRATIQUES. 1. Tous les jours pratiquer quelque dévotion à l'honneur de la sainte Vierge.

2. Célébrer ses Fêtes avec une dévotion particuliere, approcher ces jours-là des Sacremens.

3. Défendre la gloire & le culte de la sainte Vierge, contre ceux qui lui manquent de respect, ou qui blâment les saintes pratiques de dévotion envers elle.

4. Avoir chez soi, ou porter sur soi, quelque image de la Vierge, qui excite notre dévotion à son égard.

Du Dimanche gras, & de la Gourmandise.

D. QU'est-ce que la Gourmandise ?

R. C'est un amour déréglé du boire & du manger.

D. Quelles sont les especes les plus ordinaires de ce péché ?

R. 1. Boire & manger avec excez.

2. Se nourrir avec trop de sensualité & de dépense.

3. Rompre les jeûnes & les abstinences de l'Eglise.

D. Quelle est la Gourmandise la plus ordinaire & la plus dangereuse ?

R. C'est l'yvrognerie.

D. Quels sont les funestes effets de l'yvrognerie ?

R. L'abrutissement de la raison, les querelles & l'impureté.

D. L'yvrognerie est-elle un grand péché ?

R. Oüi, les yvrognes sont en horreur à Dieu & aux hommes.

D. Quelle est la punition de la Gourmandise ?

R. En l'autre vie un feu & une soif éternelle, en celle-ci, l'endurcissement du cœur, la perte des biens temporels, & souvent une mort funeste.

D. Que pensez-vous de ceux qui dans ces tems-ci, font des débauches, courent les ruës en masque, fréquentent les bals & les cabarets ?

R. Je pense qu'ils offensent Dieu, qu'il ne faut pas les imiter, & qu'il faut fuir leur compagnie.

D. Que faut-il faire encore ?

R. Il seroit bon dans ce tems-ci, d'être plus retenu, plus retiré, & d'aller plus souvent à l'Eglise.

D. Pourquoi dans les trois jours qui précédent le Carême, le Saint Sacrement est-il exposé en plusieurs Eglises ?

R. C'est pour y attirer les fideles, afin qu'ils demandent pardon à Dieu, pour tous les crimes que les libertins commettent.

Festin de Balthazar. Daniel, chap. 5.

PRATIQUES. 1. Craindre & éviter les cabarets.
2. Dans chaque repas se priver de quelque chose par esprit de mortification.
3. S'abstenir de manger hors des repas sans nécessité.
4. Pendant que Dieu est offensé par les débauches de ce tems-ci, l'honorer par quelque pratique extraordinaire de dévotion & de pénitence.

Premier Dimanche de Carême.

Du Jeûne.

D. Qui est-ce qui nous ordonne d'observer le Carême ?

R. C'est l'Eglise.

D. Que portent ses Commandemens ?

Quatre-Tems, Vigiles jeûneras, & le Carême entierement.

Vendredi chair ne mangeras, ni le Samedi mêmement.

D. Pourquoi l'Eglise fait-elle observer le Carême?

R. C'eſt 1. pour nous faire ſouvenir de l'obligation de faire pénitence.

2. Pour honorer le Jeûne de Jeſus-Chriſt, qui pendant quarante jours ne prit aucune nourriture.

3. Pour nous préparer à la Fête de Pâques.

D. En quoi conſiſte le Jeûne que nous devons
obſerver ?

R. Il conſiſte particulierement à s'abſtenir de
viande, & à ne faire qu'un repas, & par tolé-
rance on permet une collation legere.

D. Le Jeûne étoit-il autrefois pratiqué de même ?

R. Autrefois il étoit bien plus ſévere : on ne man-
geoit que des légumes, une fois le jour, vers
le ſoir, & on pratiquoit d'autres auſtéritez.

D. Maintenant qu'eſt-ce que l'Egliſe déſire de
nous ?

R. Elle déſire qu'avec l'abſtinence que nous ob-
ſervons, nous moderions auſſi notre ſommeil
& nos divertiſſemens ordinaires, & que nous
vaquions aux bonnes œuvres.

D. Qu'elles ſont ces bonnes œuvres qu'elle nous
recommande ?

R. L'aumône, la retraite, le ſilence, la priere,
l'aſſiſtance aux Sermons.

D. L'Egliſe ordonne-t'elle d'autres Jeûnes que
le Carême ?

R. Oüi, elle ordonne de jeûnér la veille de certaines grandes Fêtes.

D. Et quels autres encore ?

R. Dans les quatre ſaiſons de l'année elle ordonne de jeûner trois jours en une ſemaine, le
Mécredi, Vendredi, & Samedi ; c'eſt ce qu'on
appelle Quatre-Tems.

D. Qu'ordonne-t'elle encore ?

R. De faire maigre, c'eſt-à-dire de s'abſtenir de
viande, les Vendredis & Samedis de toute
l'année.

Jeûne de Jesus-Christ & tentation du Démon.
S. Matthieu, chap. 4.

PRATIQUES. 1. Se priver pendant le Carême de quelques plaisirs même permis.

2. Se confesser dès le commencement du Carême, pour
sanctifier son jeûne, & se mieux piéparer à la Fête de
Pâques.

3. Ceux qui ne sont pas encore obligez au jeûne, à cause de
leur jeunesse, pourroient jeûner une ou deux fois la
semaine, à proportion de leurs forces.

4. Quand on a raison d'obtenir la dispense du jeûne, y
suppléer par des aumônes : cependant pratiquer du jeûne ce que l'on peut, & s'abstenir de toute délicatesse
dans la nourriture.

L'Annonciation.

D. LAquelle est-ce des trois personnes de la
Sainte Trinité qui s'est fait homme pour
nous ?

R. C'est Dieu le Fils, la seconde personne de la
Sainte Trinité.

D. Le Pere & le S. Esprit se sont-ils fait homme ?

R. Non, il n'y a que le Fils.

D. Quel jour ce Mystere s'est-il accompli ?

R. C'est en ce jour qu'on appelle la Fête de l'An-
nonciation.

D. Pourquoi l'appelle-t'on ainsi ?

R. Parce que l'Ange Gabriel annonça ce grand
Mystere à la bienheureuse Vierge Marie.

D. Quelle vertu fit-elle paroître alors ?

R. Une pureté admirable, craignant d'être mere
de Dieu au préjudice de sa chasteté.

D. Comment cependant y consentit-elle ?

R. Parce que l'Ange l'assura qu'elle seroit toujours Vierge.

D. Qu'arriva-t'il alors ?

R. Le Fils de Dieu prit dans son sein un corps &

une ame semblables aux notres, qu'il unit à sa divinité.

D. La sainte Vierge est donc la mere de Dieu?

R. Oüi, elle est la mere de Dieu.

D. Comment cela?

R. C'est qu'elle a conçû dans son sein & mis au monde le Fils de Dieu fait homme.

D. S. Joseph époux de la sainte Vierge, n'étoit-il pas le pere de Jesus-Christ?

R. Non, il n'étoit que son pere nourricier.

D. Le corps qu'à pris le Fils de Dieu étoit-il entierement semblable aux notres?

R. Oüi, il a pris toutes nos infirmitez, excepté le péché & l'ignorance.

D. Pourquoi le Fils de Dieu s'est-il réduit à un état si humiliant?

R. C'est 1. pour nous montrer son amour.

2. Pour nous apprendre à être humbles comme lui.

3. Pour nous en mériter la grace.

D. Quelle instruction la sainte Vierge nous donne-t'elle par son exemple dans ce Mystere?

R. Elle nous apprend à aimer la vertu de chasteté, & à la conserver soigneusement.

Histoire du Mystere, & celle de la Naissance de
S. Jean. S. Luc, chap. 1.

PRATIQUES. 1 Imiter l'humilité de Jesus-Christ, s'occuper aux emplois les plus vils de la maison, obéir volontiers à tout le monde, garder le silence, quand on est repris ne point s'excuser, &c.

2. Avoir en horreur tout ce qui peut blesser la pureté, comme les paroles libres, les amitiez trop tendres, la lecture des livres qui parlent d'amour.

3. Les filles doivent à l'imitation de la Vierge, aimer la retraite, mépriser les parures, fuir le monde, & craindre la fréquentation des hommes.

Dimanche des Rameaux. Paſſion de Jeſus - Chriſt.

D. QUels Myſteres honorons-nous dans ce ſaint tems ?

R. Les Myſteres de la Paſſion & de la mort de Jeſus-Chriſt.

D. Eſt-ce que Notre Seigneur a ſouffert & qu'il eſt mort ?

R. Oüi, il a ſouffert toutes ſortes de tourmens, & a été mis à mort par la malice des Juifs qui l'ont crucifié.

D. Racontez-nous en quelques circonſtances.

R. Le Jeudi au ſoir après avoir inſtitué l'Euchariſtie, il ſouffrit dans le Jardin des Olives une ſi violente agonie, qu'il eût une ſueur de ſang, Judas un de ſes Apôtres le livra aux Juifs, qui le lierent comme un criminel, & le traînerent, en le maltraitant, devant le grand Pontife.

D. Qu'arriva-t'il enſuite ?

R. On le traîna chez Pilate, où il fut abandonné toute la nuit aux inſultes des Soldats, qui lui firent toutes ſortes d'outrages, lui donnant des ſoufflets & ſe mocquant de lui : De là il fut mené à Herode qui le traita comme un fou, enſuite ramené chez Pilate qui le fit déchirer à coups de foüets.

D. Que ſouffrit-il enfin ?

R. On lui enfonça dans la tête une couronne d'épines, on le chargea d'une croix peſante, & on le força de la porter ſur une montagne : Là, on l'attacha à cette croix avec des cloux enfoncez dans ſes pieds & dans ſes mains, & on l'éleva entre deux voleurs. Enfin il expira

L

dans ces tourmens, vers les trois heures après
midi, le Vendredi.

D. Pouvoit-il s'exempter de souffrir tous ces
tourmens ?

R. Hélas ! il ne tenoit qu'à lui.

D. D'où vient donc les a-t'il soufferts ?

R. C'est par amour pour les hommes, & pour
porter la peine dûë à leurs péchez.

D. C'est donc pour nos péchez qu'il est mort ?

R. Oüi, c'est pour les expier.

D. Et quand nous offensons Dieu, que faisons-
nous ?

R. Nous renouvellons dans notre cœur la Passion
& la Mort de Jesus-Christ.

D. A la vuë des tourmens que Jesus a soufferts
pour nous, quels sentimens devons-nous
avoir ?

R. 1. Des sentimens de compassion, à la vuë de
ces horribles supplices.

2. D'amour & de reconnoissance, puisque c'est
pour nous qu'il a souffert.

3. D'horreur pour le péché, qui lui a tant
coûté.

4. De pénitence, qui nous porte à souffrir avec
Jesus, pour expier nos péchez.

*Recit des circonstances de la mort de Jesus sur le
Calvaire. S. Matthieu, ch. 27. & S. Jean,
chap. 19.*

PRATIQUES 1. Méditer souvent sur la Passion de Jesus-
Christ, chaque jour en rappeller le souvenir, & en
méditer quelque circonstance.

2. Quand on nous calomnie, qu'on nous trahit ou qu'on
nous persécute, souffrir à l'exemple de Jesus-Christ,
sans murmurer & sans nous plaindre, & prier pour nos
persécuteurs.

Pâques. Resurrection de Jesus-Christ.

D. QU'entendez-vous par la Resurrection de Jesus-Christ ?

R. J'entends que le troisiéme jour après sa mort, son ame se réünit à son corps pour lui donner de nouveau la vie.

D. En quel état le Corps de Jesus ressuscita-t'il ?

R. Il ressuscita immortel & impassible, c'est-à-dire, qu'il ne pouvoit plus souffrir ni mourir.

D. Pourquoi Jesus-Christ est-il ressuscité ?

R. C'est 1. Pour prouver sa Divinité, & la vérité de son Evangile.

2. Pour nous montrer dans son corps l'image de la resurrection des notres.

D. Est-ce que nous ressusciterons un jour comme Jesus-Christ ?

R. Oüi, les corps des Saints ressusciteront à la fin du monde comme celui de Jesus-Christ.

D. Quels avantages auront alors nos corps ?

R. Les mêmes avantages du corps de Jesus-Christ, on les nomme la clarté, l'impassibilité, l'agilité & la subtilité.

D. Qu'entend-on par ces noms ?

R. On entend par la *clarté* que nos corps seront éclatans comme le soleil.

Par l'*impassibilité*, qu'ils seront incapables de souffrir ni foiblesse ni douleur.

Par l'*agilité*, qu'ils pourront à la maniere des esprits se transporter en un instant d'un lieu à un autre éloigné.

Par la *subtilité*, qu'ils pourront de même passer à travers les corps les plus épais, comme Jesus-Christ sortit du tombeau sans en remuer la pierre.

D. Ne peut-on pas dès cette vie participer à la resurrection de Jesus-Christ ?

R. Oüi, on le peut par la resurrection spirituelle.

D. Qu'appellez-vous resurrection spirituelle ?

R. C'est la resurrection de notre ame, qui par la
pénitence sort de la mort du péché, pour entrer dans la vie de la grace.

D. Où est-ce que nous trouvons cette vie de la
grace ?

R. Dans les Sacremens de Pénitence & d'Eucharistie ; c'est pour cela que l'Eglise nous ordonne de les recevoir au tems de Pâques.

Histoire du Feu caché, trouvé par Nehemias.
2. des Macchab. chap. 2.

PRATIQUES. 1. Dans les douleurs & les peines que
nous souffrons, songer pour nous consoler, à la gloire
& au bonheur de notre corps au jour de la resurrection.
2. Vivre après Pâques avec plus de pieté & de modestie,
pour faire connoître que nous sommes ressuscitez spirituellement avec Jesus Christ.

Ascension de Jesus-Christ.

D. COmbien de tems Jesus-Christ vécut-il sur
la terre après sa resurrection ?

R. Il y resta quarante jours, vivant avec ses Apôtres, & leur enseignant son Evangile.

D. Pourquoi demeura-t'il tout ce tems-là ?

R. C'étoit pour instruire ses Apôtres, & leur ôter
toute sorte de doute sur la vérité de sa resurrection.

D. Comment se sépara-t'il d'eux ?

R. Il les conduisit sur une montagne, & là en
presence de ses Disciples, il s'éleva dans le
Ciel en corps & en ame.

D. Y fut-il enlevé par les Anges ?

R. Non, il n'avoit pas besoin de leur secours, il s'éleva par sa propre vertu.

D. Monta-t'il au Ciel en tant que Dieu ?

R. Non, puisqu'en tant que Dieu il est par-tout, mais il y monta en tant qu'homme.

D. Pourquoi Jesus-Christ monta-t'il au Ciel ?

R. C'est 1. Parce que le Ciel est le séjour des corps glorieux & ressuscitez.

2. Pour nous envoyer du Ciel son Saint-Esprit.

3. Pour nous ouvrir l'entrée du Ciel, & nous y préparer une place.

D. Pourquoi dites-vous, qu'il a ouvert l'entrée du Ciel ?

R. C'est qu'avant lui personne n'y étoit entré, & qu'il devoit y entrer le premier.

D. Est-ce qu'Abraham, Moïse & les autres Saints de l'ancien Testament n'étoient pas encore dans le Ciel ?

R. Non, ils attendoient dans les Lymbes la venuë de Jesus-Christ, & ils ne sont entrez au Ciel qu'avec lui.

D. Que fait Jesus-Christ dans le Ciel ?

R. Il nous sert d'avocat & de médiateur auprès de son Pere.

D. Quel fruit devons-nous tirer de cette Fête ?

R. Un grand desir d'aller au Ciel où est Jesus-Christ, & une grande confiance dans ses mérites & sa médiation.

Elie enlevé dans un chariot de feu. Livre 4. des Rois, chap. 2.

PRATIQUES. 1. Regarder souvent le ciel, & soupirer après le moment auquel nous y monterons comme Jesus Christ.

2. Tout ce que nous demandons à Dieu, le demander par la médiation de Jesus Christ, le priant avec confiance d'interceder pour nous auprès de son Pere.

Pentecôte.　Descente du Saint-Esprit.

D. Qu'est-ce que le Saint-Esprit ?

R. C'est la troisiéme Personne de la Sainte Trinité.

D. Comment est il descendu sur terre ?

R. Dix jours après l'Ascension de Jesus-Christ les Apôtres étant en priere avec la sainte Vierge, le Saint-Esprit sous la forme de langues de feu, descendit visiblement sur chacun d'eux.

D. Que signifioient ces langues de feu ?

R. Le feu signifioit l'ardeur de la charité que le Saint-Esprit venoit allumer en eux, & les langues marquoient qu'ils devoient prêcher l'Evangile sans crainte.

D. Quel fut l'effet de ce prodige ?

R. Les Apôtres remplis de courage, prêcherent aussi-tôt l'Evangile dans Jerusalem, & ensuite dans tout le monde, sans craindre ni les tourmens, ni la mort.

D. Le Saint-Esprit n'est-il descendu que pour les Apôtres ?

R. Il est descendu aussi pour toute l'Eglise.

D. Pourquoi se communique-t'il à l'Eglise ?

R. C'est pour la conduire, l'enseigner & la sanctifier jusqu'à la fin du monde.

D. Ne se communique-t'il pas aussi à chacun de nous ?

R. Oüi, aussi nos ames & nos corps sont appellez les Temples du Saint-Esprit.

D. A quoi nous oblige cette belle qualité de Temple du Saint-Esprit ?

R. A ne pas soüiller par le péché le Temple consacré par la présence du Saint-Esprit.

D. Quel est le Sacrement qui donne le S. Esprit ?

R. C'est la Confirmation.

D. Quelles dispositions faut-il apporter pour re-cevoir le Saint-Esprit ?

R. Les voici. Le desir, la priere, & la pureté du cœur.

D. Qu'entendez-vous par la pureté du cœur ?

R. J'entend l'horreur du péché, & le détachement des choses de ce monde.

D. A quoi peut-on connoître si on a reçû le Saint-Esprit ?

R. Si on a un amour ardent pour Dieu, du zele pour sa gloire, & du courage pour suivre les maximes de Jesus - Christ.

Miracles des Apôtres, leur prison, & leur courage Aux Actes, chap. 3. 4. & 5.

PRATIQUES. 1. Demander ardemment au S. Esprit de venir en nous avec toutes ses graces : faire pendant l'Octave de la Pentecôte quelques prieres à cette intention.

2 Examiner ce qui peut dans notre cœur déplaire au Saint-Esprit, & y renoncer, comme l'habitude de mentir, la désobéissance, l'attachement aux biens de ce monde.

Fête de la Sainte Trinité.

D. QU'est-ce que la Sainte Trinité ?

R. C'est un Dieu en trois Personnes, le Pere, le Fils, & le Saint-Esprit.

D. Qu'est-ce que la Foy nous apprend de ce Mystere ?

R. Elle nous apprend que le Fils est engendré du Pere de toute éternité, & que le Saint-Esprit procede de toute éternité du Pere & du Fils.

D. Que nous enseigne-t'elle encore ?

R. Que ce sont trois Personnes distinctes, égales cependant en toute chose, & qui n'ont qu'une même nature & une même divinité.

D. Pouvez-vous m'expliquer tout cela ?

R. Non, c'est un Mystere qu'il faut croire simplement & qu'on ne peut comprendre.

L iiij

D. Peut-on peindre la Sainte Trinité ?

R. Non, c'est un Myſtere dont les ſens ne peuvent ſe former d'images.

D. Pourquoi cependant repreſente-t'on quelquefois, Dieu le Pere comme un vieillard, Dieu le Fils comme un homme, & le Saint-Eſprit comme une colombe ?

R. Ce ſont de foibles ſymboles dont on ſe ſert pour donner une idée groſſiere des attributs des trois Perſonnes Divines.

D. Comment cela ?

R. 1. On repréſente Dieu le Pere comme un vieillard, pour deſigner ſon éternité & ſa ſageſſe.

2. Dieu le Fils comme un homme, parce qu'il s'eſt fait homme pour nous.

3. Le Saint-Eſprit comme une colombe, parce qu'il a paru ſous cette figure, pour ſignifier la douceür & les autres vertus qu'il produit en nous, & dont la colombe eſt le ſymbole.

D. Quel eſt le deſſein de l'Egliſe dans cette Fête ?

R. C'eſt de faire rendre à la Sainte Trinité les hommages que nous lui devons, ſçavoir l'adoration & l'action de graces.

D. Comment devons-nous adorer la Trinité ?

R. En deux manieres, intérieurement & extérieurement.

D. Comment l'adore-t'on intérieurement ?

R. Par les ſentimens de notre ame qui reconnoît ſa puiſſance, & ſe ſoumet à toutes ſes volontez.

D. Eſt-ce aſſez d'adorer Dieu intérieurement ?

R. Non, il faut lui donner des marques extérieures de notre adoration, c'eſt pour cela que nous nous aſſemblons dans les Egliſes.

D. De quoi devons-nous rendre à la Trinité nos actions de graces ?

R. De trois graces, particulierement ; 1. De nous avoir créés à ſon image.

2. De nous avoir rachetez par la mort de Jesus-Christ.

3. De nous sanctifier par la venuë du Saint-Esprit dans nos cœurs.

Histoire du Baptême de Jesus-Christ. S. Matth. c. 3.

PRATIQUES. 1. Tous les jours à son réveil adorer la Sainte Trinité, & la remercier des trois bienfaits que l'on vient d'expliquer, notre création, notre redemption, & notre sanctification.

2 Quand on passe près d'une Eglise, y entrer quelquefois, pour adorer Dieu, & suppléer autant qu'il est en nous, à l'oubli de tant de gens qu'il comble de biens, & qui ne songent point à lui.

Fête du Saint Sacrement.

D. Quand est-ce que le Saint Sacrement a été institué par Notre Seigneur ?

R. C'est le Jeudi Saint la veille de sa mort.

D. Pourquoi l'a-t'il institué ?

R. Pour nous montrer l'excez de son amour, en donnant son propre Corps pour la nourriture de nos ames.

D. Pourquói l'Eglise en remet-elle à ce jour la solemnité ?

R. C'est qu'étant occupée le Jeudy Saint par la Passion de Jesus-Christ, elle ne peut donner les marques de joye, que demande un si grand bienfait.

D. Que's sont les desseins de l'Eglise dans cette Fête ?

R. C'est 1. de montrer la fermeté de sa foy sur la presence réelle de J. C. dans l'Eucharistie.

2. De rendre au Fils de Dieu present dans ce Mystere, tous les hommages que la reconnoissance inspire.

3. De réparer par ses adorations, les crimes de ceux qui l'offensent dans ce Sacrement.

D. Qui sont ceux qui offensent Jesus-Christ dans ce Sacrement ?

R. Ce sont 1. les Hérétiques, qui refusent de croire sa présence réelle dans l'Eucharistie.

2. Les impies, qui le reçoivent indignement.

3. Les Chrétiens lâches, qui négligent de le recevoir, ou qui le font avec tiedeur.

D. Pourquoi porte-t'on le Saint Sacrement dans les ruës ?

R. C'est 1. Pour reconnoître la puissance souveraine de Jesus-Christ, qui comme notre Roy, doit triompher dans les Villes de son obéïssance.

2. Pour sanctifier par sa présence nos ruës & nos maisons.

3. Pour exciter par ce spectacle la foy & la pieté des Fideles.

D. Quels sentimens doivent occuper nos cœurs en ce jour ?

R. Ce sont principalement ceux d'un amour ardent pour Jesus-Christ.

D. Pourquoi ?

R. Parce que Jesus-Christ ne pouvoit nous donner une marque plus sensible de sa tendresse, que de se donner comme il fait pour être notre nourriture.

D. Que concluez-vous de-là ?

R. Qu'à un amour si grand doit répondre de notre part un grand amour, autrement nous serions des ingrats.

Parabole d'un Roy qui fit les nôces de son Fils.
S. Matthieu chap. 22.

PRATIQUES 1 Estre assidus pendant l'Octave à passer quelque tems chaque jour, devant le Saint Sacrement exposé : s'associer à d'autres personnes pour y aller tour à tour, afin qu'il ne reste pas sans adorateurs.

1. Continuer cette pratique pendant le reste de l'année, Jesus-Christ restant dans les Tabernacles pour y attendre nos adorations, quoique si peu de Chrétiens songent à les lui rendre.

3. Dans les tems qu'on passera ainsi devant le Saint Sacrement, s'occuper des contez que le Sauveur nous témoigne dans ce Mystere ; lui demander la victoire de nos passions, & la grace de l'aimer de plus en plus ; prier pour l'Eglise & la conversion des pécheurs.

Assomption de la Sainte Vierge.

D. QU'entendez-vous par l'Assomption de la Sainte Vierge ?

R. Nous entendons que la Sainte Vierge après sa mort fut enlevée dans le Ciel en corps & en ame, & placée au-dessus de tous les Anges & de tous les Saints.

D. Pourquoi croyons-nous que Dieu lui a fait cette faveur ?

R. A cause de sa grande dignité & de sa grande sainteté.

D. Quelle est cette dignité ?

R. Celle de Mere de Dieu, qui est la plus grande dignité dont une pure créature puisse être ornée.

D. En quoi consiste sa grande sainteté ?

R. 1. En ce qu'elle a été exempte de tout péché actuel, même veniel, pendant toute sa vie.

2. En ce qu'elle a été exempte du péché originel, selon le sentiment commun des Theologiens, que l'Eglise autorise par la Fête qu'elle célébre de sa Conception.

3. En ce que son cœur fut embrasé de l'amour le plus fervent, & qui ne fit qu'augmenter jusqu'à sa mort.

D. Quels sentimens devons-nous avoir à l'occasion de la gloire de la Sainte Vierge ?

R. Des sentimens de joye & de confiance.

D. Pourquoi des sentimens de joye ?

R. Parce que la Sainte Vierge étant notre Mere, nous devons nous réjoüir de la voir si honorée.

D. Pourquoi des sentimens de confiance ?

R. Parce qu'elle veut bien nous accorder sa protection auprès de son Fils.

D. Dans quelle occasion devons-nous récourir plus particulierement à elle ?

R. 1. A l'heure de la mort, pour obtenir la grace de mourir saintement.

2. Pendant la vie, pour conserver la vertu de chasteté.

D. Que demande-t'elle de ceux qui veulent obtenir sa protection ?

R. L'imitation de ses vertus.

D. Quelles vertus doit-on particulierement imiter en elle ?

R. Son amour pour Jesus-Christ, son humilité & sa pureté.

D. Ceux qui disent avoir dévotion à la Sainte Vierge, & qui croupissent dans le péché, ont-ils une vraye dévotion envers elle ?

R. Non, il n'y a point de vraye dévotion sans la pénitence.

Histoire de Judith qui délivre le peuple Juif.
Liv. de Judith, chap. 10. & suivans.

PRATIQUES. 1. Invoquer la Sainte Vierge pour le moment de notre mort, & lui dire souvent avec dévotion cette Priere de l'Eglise, *Sainte Marie Mere de Dieu,* &c.

2. Pratiquer plus particulierement pendant l'Octave quelques unes des vertus de la Sainte Vierge.

3. Réciter quelquefois le Chapelet avec dévotion, en méditant les grandeurs, les mysteres & les vertus de la Sainte Vierge, & demandant à Dieu d'y participer.

PRIERES
DU MATIN.

☦ *Au nom du Pere, & du Fils, &*
du Saint - Esprit.

Dieu éternel, & Tout-puissant, Pere, Fils
& Saint-Esprit, un seul Dieu en trois
personnes, je crois en vous, j'espere
en vous, je vous adore, & je vous aime de tout
mon cœur.

Je vous remercie, mon Dieu, des biens sans
nombre que j'ai reçûs de vous, principalement
de m'avoir créé, de m'avoir racheté par votre
Fils, de m'avoir fait enfant de votre Eglise, &
de m'avoir conservé cette nuit.

Mon Dieu, je vous demande très-humble-
ment pardon des fautes que j'ai commises depuis hier au soir.

Pater noster, &c. *Notre Pere*, &c. page 8. Ave
Maria, *&c. Je vous saluë Marie*, &c. ibid. Credo in Deum, *&c. Je crois en Dieu*, &c. page 9.

Mon Dieu, je vous offre mes pensées, mes
paroles, mes actions, mon travail & tout
ce que j'aurai à souffrir aujourd'hui, en union
aux souffrances & aux actions de Jesus-Christ,
& en pénitence de mes fautes. Préservez moi,
Seigneur, de tout péché, disposez de moi, & de

tout ce qui m'appartient, selon votre bon plaisir, & faites-moi la grace d'accomplir avec amour votre sainte volonté.

Pensons au péchez ausquels nous sommes le plus enclins, prenons resolution de n'y point tomber aujourd'hui, & d'en éviter les occasions, & aemandons à Dieu qu'il nous en fasse la grace.

SEigneur Dieu Tout-puissant, qui nous avez fait arriver au commencement de cette journée, sauvez-nous par votre puissance, afin que durant ce jour nous ne nous laissions aller à aucun péché ; mais que toutes nos pensées, nos paroles, & nos actions étant conduites par votre grace, elles ne tendent qu'à accomplir vos saints commandemens ; par Notre Seigneur Jesus-Christ votre Fils. Ainsi soit-il.

Que la Sainte Vierge & tous les Saints intercedent pour nous envers Notre Seigneur Jesus-Christ, afin que nous obtenions d'être secourus & sauvez par lui. Ainsi soit-il.

Fidelium animæ per misericordiam Dei requiescant in pace, ℟. *Amen.*

Que les ames des fideles reposent en paix par la miséricorde de Dieu. ℟. Ainsi soit-il.

PRIERE AVANT LE REPAS.

BEnedicite. ℟. Dominus.
Nos, & ea quæ sumus sumpturi benedicat dextera Christi. In nomine Patris, & Filii, & Spiritûs Sancti. ℟. Amen.

BEnissez. ℟. Que ce soit le Seigneur.
Que la main de Jesus-Christ nous benisse & la nourriture que nous allons prendre. Au nom du Pere, & du Fils, & du Saint-Esprit. Ainsi soit-il.

PRIERE APRE'S LE REPAS.

Nous vous rendons grace de tous vos bienfaits, ô Dieu, Roy tout-puissant, qui vivez & regnez dans tous les siécles des siécles.
℟. Ainsi soit-il.

℣. Heureuses les entrailles de la Vierge Marie, qui ont porté le Fils du Pere éternel.

℟. Et heureuses les mammelles qui ont allaité Jesus-Christ notre Seigneur.

Agimus tibi gratias, Rex omnipotens Deus, pro universis beneficiis tuis, qui vivis & regnas in secula seculorum.
℟. Amen.

℣. Beata viscera Mariæ Virginis quæ portaverunt aterni Patris Filium.

℟. Et beata ubera quæ lactaverunt Christum Dominum.

PRIERES DU SOIR.

† *Au nom du Pere, & du Fils, & du Saint-Esprit.*

Esprit Saint, venez en nous, éclairez nos ames de votre lumiere, & embrasez nos cœurs de votre divin amour.

Nous vous adorons, ô mon Dieu, qui êtes ici present : Nous vous loüons, aimons & reconnoissons comme Pere de miséricorde & la source de tout bien. Nous vous rendons graces de tout notre cœur, par Notre Seigneur Jesus-Christ, de tous les effets de votre bonté à notre égard.

Pater noster, &c. *Notre Pere, &c.* page 8.
Ave Maria, &c. *Je vous saluë, &c.* ibid.
Credo in Deum, &c. *Je crois en Dieu, &c.* p. 9.

MOn Dieu, souverain Juge des hommes, qui par une miséricorde infinie ne voulez pas que le pécheur périsse, mais qu'il évite par sa pénitence vos rédoutables jugemens : Je me presente humblement à vous pour vous rendre compte de cette journée, donnez-moi les lumieres dont j'ai besoin pour connoître mes fautes, & la douleur nécessaire pour les bien détester.

Examinons notre conscience sur les péchez commis pendant ce jour, sur l'usage que nous avons fait du tems, sur l'accomplissement des devoirs de notre état, & sur les vertus que nous avons pratiquées.

MOn Dieu, qui voyez mes péchez, voyez aussi la douleur de mon cœur. J'ai un extrême regret de vous avoir offensé, parce que vous êtes infiniment bon, & que le péché vons déplaît ; pardonnez-moi par les mérites de la passion & de la mort de Jesus votre Fils, & donnez-moi la grace d'accomplir la résolution que je fais maintenant de faire pénitence & de ne vous offenser jamais.

COnfiteor Deo omnipotenti, *Beata Maria semper Virgini*, *Beato Michaëli Archangelo*, *Beato Joanni-Baptista, Sanctis Apostolis Petro & Paulo, omnibus Sanctis*, *(& tibi Pater,)* *quia peccavi nimis cogitatione, verbo &*	JE me confesse à Dieu Tout-puissant, à la Bienheureuse Marie toujours Vierge, à Saint Michel Archange, Saint Jean-Baptiste, aux Apôtres Saint Pierre & Saint Paul, à tous les Saints, (& à vous, mon Pere,) parce que j'ai grandement péché, en pensées, paroles &

& œuvres : par ma faute, par ma faute, par ma très-grande faute. C'est pourquoi je prie la Bienheureuse Marie toujours Vierge, Saint Michel Archange, Saint Jean-Baptiste, les Apôtres Saint Pierre & Saint Paul, & tous les Saints, (& vous, mon Pere,) de prier pour moi le Seigneur notre Dieu.

opere : meâ culpâ, meâ culpâ, meâ maximâ culpâ. Ideo precor Beatam Mariam semper Virginem, Beatum Michaëlem Archangelum, Beatum Joannem-Baptistam, Sanctos Apostolos Petrum & Paulum, omnes Sanctos, (& te Pater,) orare pro me ad Dominum Deum nostrum.

Que le Dieu Tout-puissant nous fasse miséricorde, & que nous ayant pardonné nos péchez, il nous conduise à la vie éternelle. Ainsi soit-il.

Misereatur nostri omnipotens Deus, & dimissis peccatis nostris, perducat nos ad vitam æternam. Amen.

Que le Seigneur Tout-puissant & tout miséricordieux nous accorde le pardon, l'absolution, & la remission de nos péchez. Ainsi soit-il.

Indulgentiam absolutionem & remissionem peccatorum nostrorum tribuat nobis omnipotens & misericors Dominus. Amen.

SEigneur, écoutez mes prieres pour notre Saint Pere le Pape, Monseigneur notre Archevêque, le Roy & toute la Maison Royale.

Seigneur, ayez pitié de toute votre Eglise, de ce Royaume, de ce Diocese, de cette Maison, de nos parens, de nos amis, de nos ennemis, & de tous ceux qui nous font du bien.

Seigneur, convertissez les pécheurs, & faites miséricorde aux ames des fideles trépassez.

Mon Dieu, je vous offre le repos que je vais

prendre, en l'honneur du repos que Jesus mon Sauveur a pris sur la terre, veillez sur moi pendant cette nuit pour me préserver du péché, de mort subite, & de tout accident.

Saints Anges Gardiens, Saints Patrons, tous les Saints & Saintes, & vous particuliérement très-Sainte Mere de Dieu, recevez-moi sous votre protection, obtenez-moi une nuit tranquille, & la grace d'une sainte & heureuse mort. Ainsi soit-il.

FIN.

TABLE
DU CATECHISME.

M ij

TABLE

Fin de la Table.

PRIVILEGE DU ROY.

LOUIS par la grace de Dieu, Roy de France & de Navarre, à nos amez & feaux Conseillers Gens tenans nos Cours de Parlement, Maîtres des Requêtes ordinaires de notre Hôtel, Grand-Conseil, Prevôt de Paris, Baillifs, Sénéchaux, leurs Lieutenans Civils & autres nos Justiciers qu'il appartiendra : SALUT. Notre amé & feal Conseiller en nos Conseils le Sieur JEAN JOSEPH LANGUET, Archevêque de Sens, Nous ayant fait exposer qu'il avoit besoin de nos Lettres de Privilege pour l'impression des Usages de son Diocese ; Et d'autant qu'il lui est important qu'ils ne puissent être imprimez par autres Imprimeurs ou Libraires que par celui qu'il choisira : Il nous a supplié de lui accorder nos Lettres sur ce nécessaires : A CES CAUSES, voulant traiter favorablement ledit Sieur Archevêque, reconnoître son zele, & feconder ses pieuses intentions, Nous lui avons permis & permettons par ces Presentes de faire imprimer par tel Imprimeur ou Libraire qu'il voudra choisir, *Tous les Breviaires, Diurnaux, Messels, Rituels, Antiphoniers, Manuels, Graduels, Processionnaux, Epistoliers, Pseautiers, demi-Pseautiers, Directoires, Heures, Catechismes, Ordonnances, Mandemens, Statuts Synodaux, Lettres Pastorales & Instructions à l'usage de son Diocese ;* en tels volumes, forme, marge, caractere, en un ou plusieurs volumes conjointement ou separément, & autant de fois que bon lui semblera, & de les faire vendre & debiter par tout notre Royaume pendant le tems de dix années consecutives, à compter du jour de la datte desdites Presentes ; sans toutefois qu'à

l'occasion des Livres cy-deſſus ſpécifiez, il puiſſe
en être imprimez d'autres qui ne ſoient pas dudit Sieur Archevêque ; faiſons défenſes à toutes
ſortes de perſonnes de quelque qualité & condition qu'elles ſoient d'en introduire d'impreſſion
étrangere dans aucun lieu de notre obéïſſance :
comme auſſi à tous Imprimeurs, Libraires & autres que celui que ledit Sieur Archevêque aura
choiſi, d'imprimer ou faire imprimer, vendre,
faire vendre, débiter ni contrefaire leſdits Livres
cy-deſſus expoſez en tout ni en partie, ni d'en
faire aucuns extraits ſous quelque prétexte que
ce ſoit d'augmentation, correction, changement de titre, même de traduction étrangere
ou autrement, ſans la permiſſion expreſſe & par
écrit dudit Sieur Archevêque ou de ceux qui auront droit de lui ; à peine de confiſcation des
exemplaires contrefaits, de trois mille livres
d'amande contre chacun des contrevenans, dont
un tiers à Nous, un tiers à l'Hôtel-Dieu de Paris,
l'autre tiers audit Sieur Archevêque ou à celui qui
aura droit de lui, & de tous dépens, dommages
& interêts : à la charge que ces Preſentes ſeront
enregiſtrées tout au long ſur le Regiſtre de la
Communauté des Imprimeurs & Libraires de
Paris dans trois mois de la datte d'icelles ; que
l'impreſſion de ces Livres ſera faite dans notre
Royaume & non ailleurs, en bon papier & en
beaux caracteres, conformément aux Régle-
mens de la Librairie ; & qu'avant que de les ex-
poſer en vente les Manuſcrits ou imprimez qui
auront ſervis de copie à l'impreſſion deſdits Livres, ſeront remis és mains de notre très-cher
& feal Chevalier Garde des Sceaux de France le
Sieur CHAUVELIN ; & qu'il en ſera enſuite remis deux exemplaires de chacun dans notre Bi-
bliotheque publique, un dans celle de notre

Château du Louvre, & un dans celle de notre-
dit très-cher & feal Chevalier Garde des Sceaux
de France le Sieur CHAUVELIN ; le tout à peine
de nullité des Presentes : Du contenu desquelles
vous mandons & enjoignons de faire joüir ledit
Sieur Archevêque ou ceux qui auront droit de
lui & ses ayans cause pleinement & paisiblement
sans souffrir qu'il leur soit fait aucun trouble ou
empêchement. Voulons que la Copie desdites
Presentes, qui sera imprimée tout au long au
commencement ou à la fin desdits Livres, soit te-
nuë pour dûëment signifiée, & qu'aux copies
collationnées par l'un de nos amez & feaux Conseillers & Secretaires, foy soit ajoûtée comme à
l'Original. Commandons au premier notre Huis-
sier ou Sergent de faire pour l'execution d'icelles
tous Actes requis & nécessaires sans demander
autre permission, & nonobstant clameur de Haro,
Chartre Normande & Lettres à ce contraires.
Car tel est notre plaisir. DONNÉ à Paris le dou-
ziéme jour du mois de Septembre, l'an de grace
mil sept cent trente-un, & de notre Regne le dix-
septiéme : Par le Roy en son Conseil.
Signé, SAINSON.

*Regiſtré ſur le Regiſtre VIII. de la Chambre
Royale & Syndicale de l'Imprimerie & de la Librairie de Paris N°. 225. fol 216. conformément
au Reglement de 1723. qui fait défenſe Article IV.
à toutes perſonnes de quelque qualité & condition
qu'elles ſoient, autres que les Imprimeurs & Libraires de vendre, débiter & faire afficher aucuns
Livres pour vendre en leurs noms, ſoit qu'ils ſ'en
diſent les Auteurs ou autrement, & à charge
de fournir les Exemplaires preſcrits par l'Article
CVIII. du même Reglement. A Paris le 19. Septembre 1731. Signé, P. A. LE MERCIER, Syndic.*